晩年（80歳）のジョン=デューイ

J.デューイ

●人と思想

山田英世著

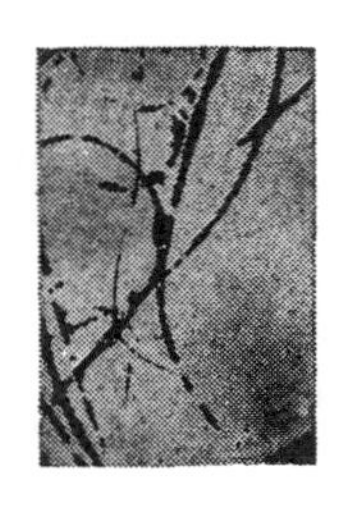

23

CenturyBooks 清水書院

デューイについて

人間不在

わたしたちは、いま、人間不在の社会にすんでいる。こんなことをいうと、なにをいっているのか、ちゃんと人間がいるではないか、しかも、こんなに多勢いるではないか、という言葉がかえってくることだろう。そうだ!! たしかに人間は多勢いる。うようよいる。しかし、こんなにうようよと多勢いることが問題なのである。この多勢いる人間が、みんな人間らしい幸福な生きかたを保証されているだろうか。おたがいに他人をつきとばしてもよいから、さきに電車にのり、座席を占領し、よいめにあおうとはしていないか。自分のしあわせのためには他人のことなんかかまっていられないという状態があたりまえのものとなってはいないか。こういう状態があたりまえになっている社会のことを「人間不在の社会」というのである。それは人間が人間としてとりあつかわれなくなってしまった社会である。

人間は幸福にくらしたいからこそ社会というものをつくってきたはずである。ところが、産業革命以後の社会では科学技術が進歩し、生産力がたかまって、多勢の人口をやしなうことができるようになり、一面において人間の幸福は増大したが、他の一面において不幸もまた増大してきた。この不幸の根本にあるものが人間不在の社会なのである。むかしは、勉強したり就職したりするのには江戸や東京へいくのが便利であった。しかし、いまでは大都会にひっこんでしまうことは非人間的な巷に不特定多数の一員として自分をすりへらすことであるにすぎない。それでもひとは自分だけは例外だとおもいこむことができる。自分の人間性がむしばまれ、麻痺してしまっていることに気がつかないからである。人間不在の巷にいると自分自身の人間までがどこかへいってしまうのである。そしてこのことはなにも大都会だけのことにかぎられない。日本中、いな、世界中のいたるところがおなじ運命にみまわれている。いまこれをかいているわたしさえおなじ状態にいるのである。

人間不在の状態ではこまる。なんとかしてうしなわれている人間性をとりもどさなければならない。そのためにはどうしたらよいであろうか。そこで心をおちつけて、もともと人間はどういう条件のもとで生きることができるのかということを反省してみると、人間は本質上三個の条件をそなえることによってはじめて人間として生きているのだということがわかる。第一は自然的条件である。人間そのものがひとつの生物であり、一定の風土のなかで衣食住の材料を手にいれて生きている。第二は社会的条件である。自然の風土をふまえ、一定の人間関係つまり人倫組織をつくらなければ人間として生存できない。人間はもともと社会的動物なのである。第三は実存的条件である。ひとりひとりの人間は他人にゆずりわたしたり、かわってもらうことのできない、ぎりぎりの自己自身というものをもっているはずである。いくら代返で出席をごまかしても、ごまかすことのできない自己というものがある。これが実存なのである。以上の三者、自然と社会と実存が人間存在の基本的条件である。

人間不在の状態を克服して人間の回復をはかるには、みぎの三条件を十分に人間のためのものにくみかえていく努力をしなければならない。しかし三方向を一度にたどることはできないし、また、そんなことをしなくてもよい。どの方向にでも真剣になってとりくんでいけば、かならず他の二条件も研究されることになり、解決されるはずである。なぜなら、その努力をする主体が、本来三個の条件によってしか生きることのできない人間そのものであるからである。自然主義、社会主義、実存主義などとよばれる思想上の立場はこうした人間回復の努力の三様のありかたに対してつけられた名称なのである。

デューイの立場

ジョン＝デューイは、みぎにあげた三個の立場のうちでは、自然主義の系列に属するといってよい。もちろん、デューイは社会や実存のことを無視したり、否定したりしたのではない。むしろ反対に、社会や実存というものにふかい関心をいだき、これらのものを人間的なものにしたかったからこそ、かれの教育理論や倫理学や社会哲学において、真の人間や社会のありかたを追求したのである。ただ、かれの基本的な人間観が、人間を自然の地平にひきおろしてながめるという点で、自然主義の立場にあるといえるのである。

デューイが日本を訪れて約二か月間滞在し、あとで『哲学の改造』と題する書物にまとめた内容の連続講義を行なったのは、いまからもう五十年ちかくもまえの一九一九年の春のことであった。しかし、当時、かれの思想は日本ではごく少数のひとびとの注意をひいただけで、ふつうの学者たちにはほとんど評価されることなく忘れられてしまった。日本のすぐれた哲学者たちは、かれの思想を無視したのである。

太平洋戦争の悪夢からさめたとき、日本では、デューイの思想を民主主義の正統派を代表するものとしてあらためて学びとることになった。とくに教育界では、デューイの教育理論がもつ進歩的な意義を日本再建のための教育にとりいれようとつとめた。しかし、戦後二十一年をすぎた今日、デューイの思想はもっともふかい影響をうけたはずの教育界からでさえ、ふたたびその姿をけしさろうとしている。戦争直後の発生期民主主義のわかわかしさはすっかりうしなわれて、教師のエネルギーは補習授業やテストの採点のためにうばわれ、点数主義でおいまくられる生徒は、教育されるためにではなく、ただ暗記力を評価されるためにだけ学校へかようことをしいられている。

デューイが日本の現状、とくに教育の状態をみたら、きっと、「世ノ中アマチガットルヨー」といってなげくにちがいない。もちろん、デューイの思想といえども、時代も社会事情もちがういまの日本にそのままで通用できるわけではない。重要なのはかれのものの考えかたであり、人間の諸問題にぶつかっていく態度である。デューイの生涯とその思想を概観することによって、わたしたち自身の生きかたにすこしでも参考になることを学びとろうというのが、この本のささやかな意図である。

梅雨空の緑眼にしむ東海の里で

山田英世

目次

era

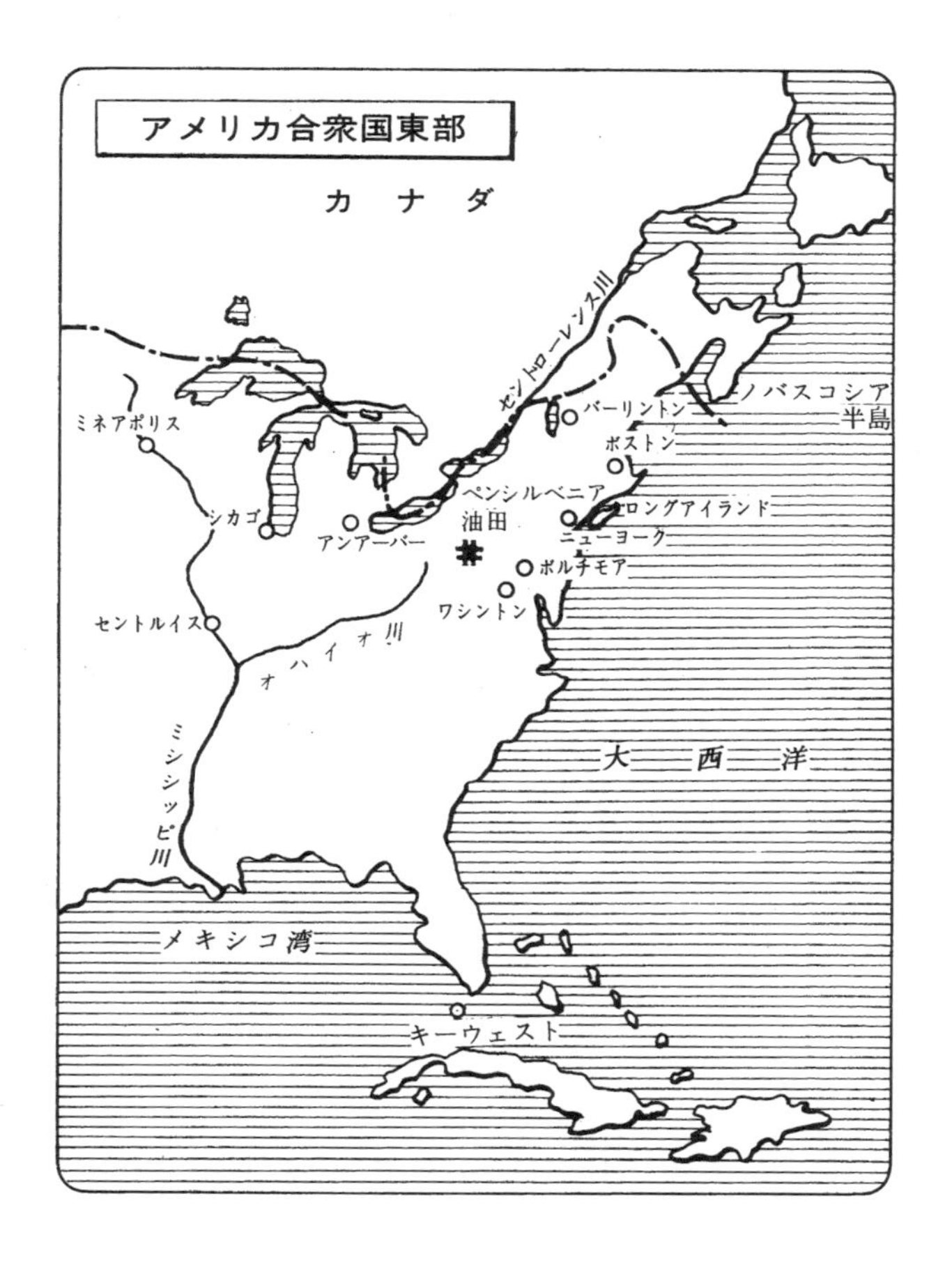
アメリカ合衆国東部
カナダ
セントローレンス川
バーリントン
ノバスコシア半島
ボストン
ミネアポリス
ペンシルベニア油田
ロングアイランド
シカゴ
アンアーバー
ニューヨーク
ボルチモア
ワシントン
セントルイス
オハイオ川
ミシシッピ川
大西洋
メキシコ湾
キーウェスト

I 精神的風土

はじめに行動ありき

はてしなき空間

アメリカ合衆国の地図をひらいてみよう。北緯四十五度のあたり、ニューイングランドの出入りの多い溺れ谷の海岸から西南へほぼ三千粁にわたってのびる長大な大西洋の岸は、フロリダ半島のとっさきで北緯二十五度付近に達する。ちょうど日本の北海道の北端宗谷岬から沖縄の南端までと、長さもほとんどおなじなら、緯度もほとんどおなじである。この線をそのまま西へ約四千粁ほど平行移動すれば、アメリカ合衆国の国土の全体が跡づけられる。

北から南へ末ひろがりにひろがる東部の海岸平野は、その西縁をアパラチア山脈でくぎられ、山から東南にむかってほとばしるいくつかの急流は、いわゆる瀑布線をつくって、水力発電用の豊かな水を供給する。山脈を西へこえれば、北には五大湖の水をたたえる一大高原がよこたわり、南へさがるにしたがってミシシッピ川の巨大なデルタが際限もなくひろがって、末はメキシコ湾の海に接している。長流ミシシッピの右岸は、プレーリー（大草原）からグレートプレーン（大平原）へとだんだんに地形は高度をまし、ついに、ロッキー山脈のけわしい稜線につらなる。ここからはるか西のカスケードとシエラネバダの南北のふたつの山脈までは、多くの盆地と湖水と谷と沙漠によって起伏をつけられた高原がつづき、西部劇に格好な舞台をかたちづくる。この高原の西の斜面をかけくだれば、北からワシントン、オレゴン、カリフォルニアと長い峡谷の平野がつらなり、ロサンゼルスの北でいっしょになったシエラネバダと西部海岸の両山脈は、はるか南へ、カリフォルニア半島となって海中にのびる。そして、オリンパス山の麓からサンルカス岬にいたるほぼ三千粁の海岸線が、太平洋の怒濤にあらわれて白波をたてているのである。

四つの小さな島にとじこめられて、せかせかと生きている日本人からみれば、まるで気がとおくなるような、圧倒的な空間のひろがりである。箱庭的な自然や、そこに形成されるせせこましい人間関係のなかにながいあいだ生きていると、人間の心は、自分の内部にむかって深まるよりほかに息をつく場所をみつけることができなくなる。ところが、森林と草原と沙漠と高原がはてしなくひろがる大自然のなかに呼吸する人間は、自分のもっているさまざまの可能性を自然に対するはたらきかけにおいてためしてみようとする。かれは、現実の世界に夢をもつことができる。アメリカの自然がおりなすはてしなき空間は、この土地にやってきたあたらしい主人公たちを、おおらかなロマンチストにしたてずにはおかない。

開拓の草分け

十五世紀の末に発見され、つぎつぎと探検がかさねられたアメリカ大陸に、やがてヨーロッパの国ぐにの領土が建設されてきた。北アメリカでは、北部のカナダ地方にはフランス人が、南部のフロリダからメキシコにかけてはスペイン人が、それぞれカトリックの宣教師をともなって移住した。そして、十七世紀になると、ニューイングランドから南の海岸地方にイギリス人の植民がはじまった。一六二〇年にイギリスの島をはなれ、メーフラワー号にのって、いまのマサチューセッツの海岸に上陸した清教徒の一行(ピルグリム・ファーザーズ)が、イギリス人によるアメリカ入植の本格的な草分けとなった。

イギリス本国のキリスト教はイングランド教会に統一されていたが、カトリックのふるいしきたりを多くのこしていて、プロテスタントの過激派とみられた清教徒の信仰の自由を認めなかったから、多くの清教徒は宗教的解放をもとめ、新天地アメリカをめざして大西洋をわたった。かれらのなかまには、本国では土地をもつことのできない百姓もいたし、商人も、織物工も、大工も、鍛冶屋もいた。かれらの移住には、おそらく、宗教上の理由のほかに、経済的、社会的ないろいろの理由があったことであろう。しかし、こがねをためたら、やがて故郷に錦をかざろうなどという、ちっぽけな考えをいだいたものはひとりもいなかった。だれもが、この新天地で、野獣や原住民とたたかい、原始林をひらき、きびしい自然にうちかって、自分たちの理性と意志よりほかのなにものによっても制約されない、自由の国土を建設しようという心意気にみちていたのである。

かれらはひとつの土地にそれほど執着することをしない。この点は、「山」と「水」の自然の恩恵をゆたかにうけて、むかしからおなじ水田にとしごとに稲をうえ、先祖の墓をわがやの土地にまつってきた日本人が、どんなところにでも、「すめば都」といったような感情をいだき、たえず別離の悲哀に涙をながしたり

開拓移民の平和な家（ジョージア州）

するのとは大変なちがいである。かれらはおしげもなく故郷をすてたのであった。そして、おちついた入植地でも、もっとよい条件のところがあれば、さっさとみかぎって、さらに遠方へと移動することを意にかいしなかった。そして、このような西へむかう移民のむれのなかに、のちの哲学者、わがジョン＝デューイの先祖もいたし、デューイ夫人の先祖もいたのである。

行動的人間　メーフラワー号が漂着したのち、約百年もたった頃には、清教徒たちはアメリカ東部の海岸に十三の自治州を建設していた。一七七〇年頃の状態は、これら東部自治州は名目上はイギリスの植民地で、イギリス国王の支配をうけてはいたが、本国の政治的・経済的圧迫がつよく、植民地の自由をまもるためには、本国との戦争もまたやむをえない、というところまできていた。ややもすれば戦争に二のあしをふむ穏健派や無関心派に対して、急進派のひとびとはやっきになって、イギリスの圧制からのがれることが必要であり、またのがれることができるのだということをといた。急進派のトマス＝ペインは、いまや独立戦争にたちあがるべきときであるということは、アメリカ人にとっては「常識」である、という見地にたって、一冊のパンフレットを出版してひとびとを激励した。そのなかで、ペインはつぎのようにのべている。

「おお、人類を愛する諸君、暴政だけでなく暴君にも反抗する諸君、立て。旧世界のいたるところは、圧制にふみにじられている。自由は地球上から追いたてられている。アジアとアフリカとは、はるか以前に、自由を追いだした。ヨーロッパは、自由を外国人のように考え、イギリスは、自由にでていけと警告した。おお、亡命者をうけ入れよ。そして、人類のために、ただちに、避難所を設けよ」[1]と。

この反抗の精神こそ、一世紀半前にかれらの祖先をして大西洋のかなた、辺境の地にむかわせた原動力であったし、いままたかれらをして対英独立戦争にたちあがらせた天賦の性であった。戦争におもむく人間にとって必要なのは、思索ではなくて行動であった。かれらが新天地の自然と社会のきびしい条件にうちかってきたのも、そのたくましい行動をつうじてであった。アメリカは建国の当初から、自由を追求する行動的人間によってささえられてきたのである。自由というものは行動をともなわないとすれば無意味だからである。かれらがもし新約聖書をはじめて現代語にほんやくする機会をあたえられたとするなら、ヨハネ伝の最初の句の「はじめに言葉ありき」のところを、「はじめに行動ありき」とやくしただろうとおもう。行動こそ、かれらにとって、あらゆるものを生みだしてくれるうちでの小づちであった。

1) トマス＝ペイン、『コモン・センス』（小松春雄訳、岩波文庫、六四頁）

ヤンキイズム

独立戦争（一七七五―一七八三）は、「自由」の陣営に勝利をもたらして、おわりをつげた。「独立宣言」は、今後のアメリカ合衆国のあゆむべき道をはっきりとしめした。すべての人間の平等、生命・自由・幸福追求の権利、国民の意志にもとづく政府をつくる権利、これらの基本的人権の尊重がアメリカの理想となった。この考えかたの根本にあるのは、近世ヨーロッパの思想史上、「啓蒙思想」とよばれているもので、人間の理性を神の呪縛から解放して地上にひきおろさなければならないという立場にたつものである。これは、キリスト教会やそれとむすびついた貴族や僧侶の特権に反抗した市民層によってになわれた思想で、フランス革命（一七八九―一七九五）の思想的背景ともなったのである。

アメリカの植民地を営々としてきづいてきたのは信仰心あつき清教徒であった。かれらは人間の理性を神から解放するどころではなく、神を絶対者とあおぎ、そのきびしい教えにしたがって禁欲と節制と勤勉の生活をまもった。カボチャのパイをつくって神に祈りをささげ、新穀の収穫を神につげて感謝の祭を行なった初期の移民の素朴なよろこびは、神に身をまかせたもののやすらぎをしめしていた。

しかし、一方、かれらは行動的人間であった。開拓の前線におけるはげしい肉体の労働、気候・野獣・原住民・圧制とのはげしいたたかい。かれらの生活はこうした労働とたたかいの連続であった。このきびしい生活は、神の加護を必要とはしたけれども、神のためのものではなかった。それはどこまでも、世俗の幸福を追求する生活にほかならなかった。清教徒たちは、いまや、神を全知全能の「絶対者」としてではなく、自然や人間の「造物主」としての地位にとどめ、あとは自分たちの責任において行動した。神はひとたび万物を創造してしまったのちは、世界の運行は「自然」にまかせて、自分ではいっさいくちだしはしないという役柄をもつだけで十分だ、と考えた。これを、ひとびとの日常生活にあてはめていうなら、神は日曜日の朝、教会にあつまって礼拝するひとびとの心に敬虔な感情をよびさましてくれればよいのであって、ふつうの日には、すこし大げさにいえば、神のことをわすれても、しごとにはげむような人生が要求されたのである。しかし、このことは、人間としての誠実さをわすれてもよいということを意味しはしなかった。誠実さを信仰という内面的な心情にとどめてしまわずに、自然にむかい、社会にむかっていく行動に実現していくことが重要である、とされたのである。

独立時代のアメリカのすぐれた指導者のひとりであったベンジャミン＝フランクリンは、かれの『自叙伝』のなかでつぎのようにいっている。「悪い行為は、それが神の黙示によって禁じられているから悪いのではないし、また、善い行為は、それが神の黙示によって命じられているから善いのでもない。むしろ反対に、それらの行為は、いろいろの事情を考慮してみた結果、わたしたちにとって有害だから禁じられるのであるし、わたしたちにとって有益だから命じられるのである。」このフランクリンの考えかたには、人間の行為の善悪をきめるものは、もはや、神ではなくて、人間にとってその行為がはたして有益か有害かということの考慮である、という思想がはっきりとあらわれている。この思想は、行動の主体は人間なのであるから、行動の責任はもちろん人間にあるし、行動を評価する尺度も人間が用意しなければならない、という思想である。これは、開拓と戦争の困苦の試練に耐えてきたアメリカ人の自信の表明にほかならない。現実のくるしさにまけてしまわずに、勇敢にそれにぶつかっていく実行尊重のヤンキイズムは、清教主義の心情を内心にとどめながら、それを、人間の行動をとおして確認していこうとするフランクリン型の人間によってそだてられたものである。

実験的精神

フランクリンの生涯は新生アメリカ合衆国にささげられた。印刷工から身をおこして、政治家としても、実業家としても、軍人としても、また科学者としても、すべて第一級のしごとをやりとげたフランクリンは、新生国アメリカの国民を代表する人物である。後世のドイツの社会経済史家マックス＝ウェーバーは、フランクリンを近代「資本主義の精神」の権化（ごんげ）としてとりあつかっているが、勃興（ぼっこうき）期のアメリカの資本主義は、この型の人物を必要としたのであり、また、この型の人物を生みおとしたのである。

物理学者としてのフランクリンが、凧（たこ）をあげて、雷の電気について実験をしたことは有名である。物理学ばかりでなく、すべての学問においては、いくらあたまのなかで理論的に着想されたことでも、実験によって証明されないかぎり、その理論が正しい理論であるとはいえない。真理を探究しようとおもうものは、つねに、自分が考えついたり、推理したりしたことを、実験や実践によってためしてみなければならない。フランクリンは、「現代は実験の時代」だといっているが、これはかれの科学者としての姿勢をよくあらわし

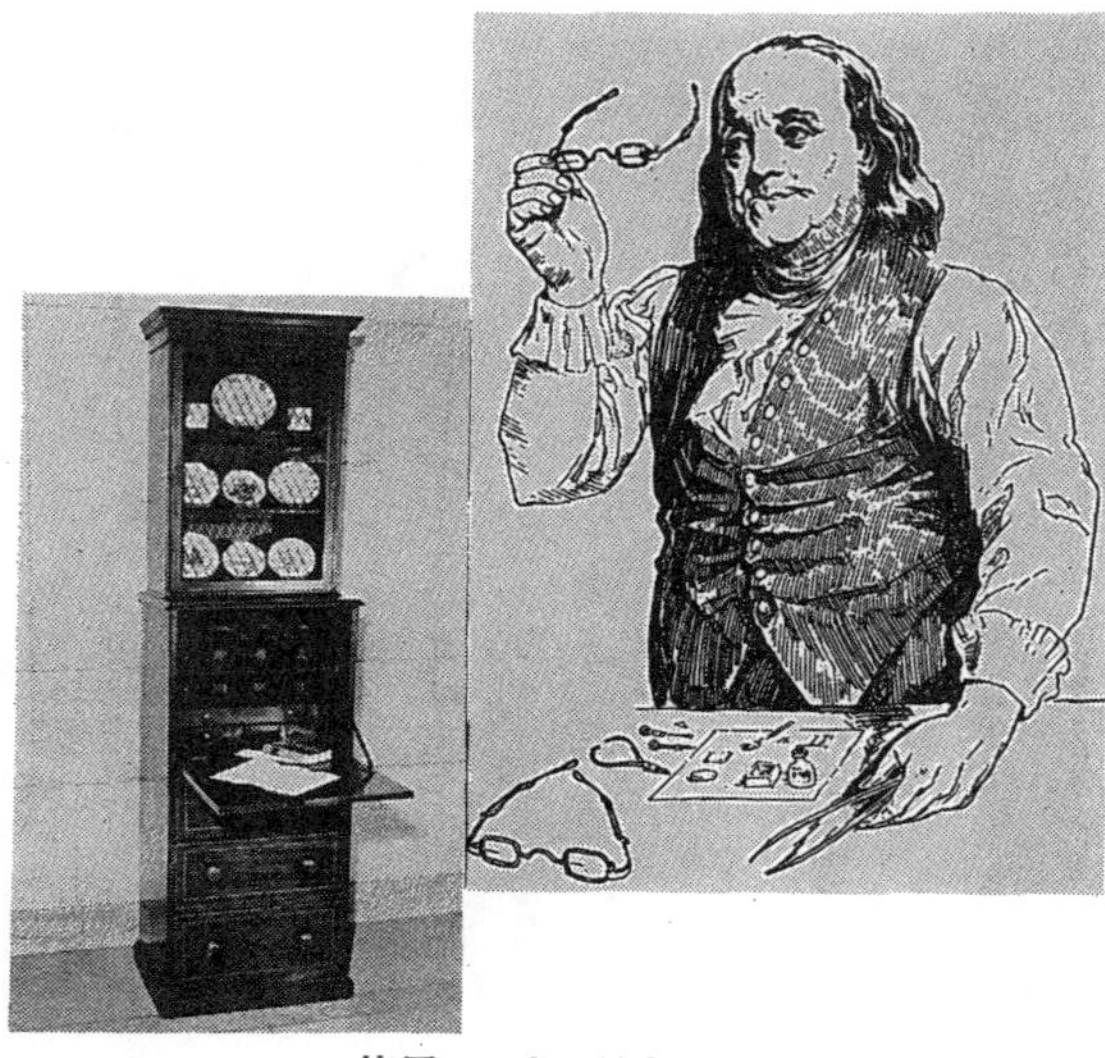

フランクリンの使用した机（左）とフランクリンが発明した焦点めがね（右）

ている。

しかし、フランクリンの姿勢は科学者としてのかれにだけかぎられたものではない。かれは、政治、実業、戦争など、すべての人間の生活における「実験」の重要さをといたのだ、とみることができる。かれは、独立達成の余勢をかって、はるかにとおく西部への大進撃を開始しようとする前夜のアメリカに課せられていた、大きな歴史の実験のことをすでにみとおしていたにちがいない。アメリカでは、なにもかもがあたらしい経験であった。すべてが実験だった。移民も開拓も前線の拡大も。ここには、いわば、たえざる緊張が要求される冒険の連続があった。フランクリンは、このアメリカ・ヤンキイズムの「実験的（冒険的）精神」をもっともあざやかに、かれの行動と言葉に表現してみせたのである。

思想への求心

ほろ馬車と丸太小屋

東部十三州の団結を基礎にして独立をかちえたアメリカ合衆国は、はてしなき荒野を西へむかってまっしぐらにすすみ、つぎつぎとその領土を拡張した。そして一八四八年までには、太平洋岸北部のワシントン州から南部のカリフォルニア州までを領土にし、一八五三年には、アリゾナの南部をメキシコから購入することによって、ほぼ現在の枢要部を確保した。東から西へと拡大された、みわたすかぎりの原野と高原とは、一八三〇年ごろから急に増加したヨーロッパ各地からの集団移民のむれによって、あるいは開拓され、あるいは通路となった。一八四八年のカリフォルニアにおける金鉱の発見は一攫千金を夢みる多くのあらくれ男やその家族を西へとさそい、さらに、一八六九年に開通した大陸横断鉄道がこのひとの波に拍車をかけた。

開拓者は、ふつう、小さなほろ馬車をつかって西部へのながい旅をつづけた。小さい前輪と大きい後輪をつけた車台の上に、アーチ型に枠をくみ、それにほろをかけて雨露をしのいだ。車台の横や下につるされた家具や農具は、でこぼこ道にゆれてガランガランと鳴り、砂ほこりのなかにみえかくれした。堅パンとコーヒーで朝飯をすませた一行は、隊長の合図でまたその日の旅をつづけるのであった。夜ともなれば、各自のほろ馬車を円形にならべて夜営をし、かがり火をたいて野獣やインディアンの来襲にそなえなければならなかった。

おちつくのに適当な土地があれば、そこに芝土小屋（しばつちごや）か丸太小屋をたてて定住した。男も女も老人も子どもも、だれもなまけているわけにはいかなかった。衣食住の材料はほとんど自給自足である。当面の生活はくるしい。しかし、いつかはたのしい生活がやってくるという希望があった。丸太小屋のなかで暖炉（だんろ）の火をかこむだんらんは、しあわせのひとときであった。ここには、まともな生活があった。身分や学歴や職業による人間の差別などはなかった。ひとりひとりの努力だけが、自分の運命をひらいてくれるのだという確信が、かれらの生活をあかるくしていた。フロンティアの詩人ウォルト＝ホイットマンはうたっている。

さあ行こう！　誘引は更（さら）に大きいだろう！　私達は水路もない荒海

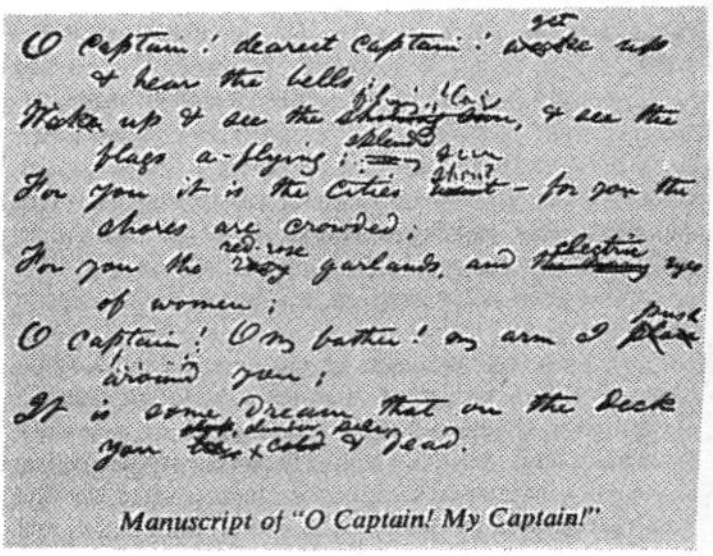
O Captain! dearest Captain! wake up
& hear the bells;
Wake up & see the shining sun, & see the
flags a-flying;
For you it is the cities — for you the
shores are crowded;
For you the red-rose garlands, and the electric eyes
of women;
O Captain! O my father! my arm I push
around you;
It is some Dream that on the deck
you cold & dead.

Manuscript of "O Captain! My Captain!"

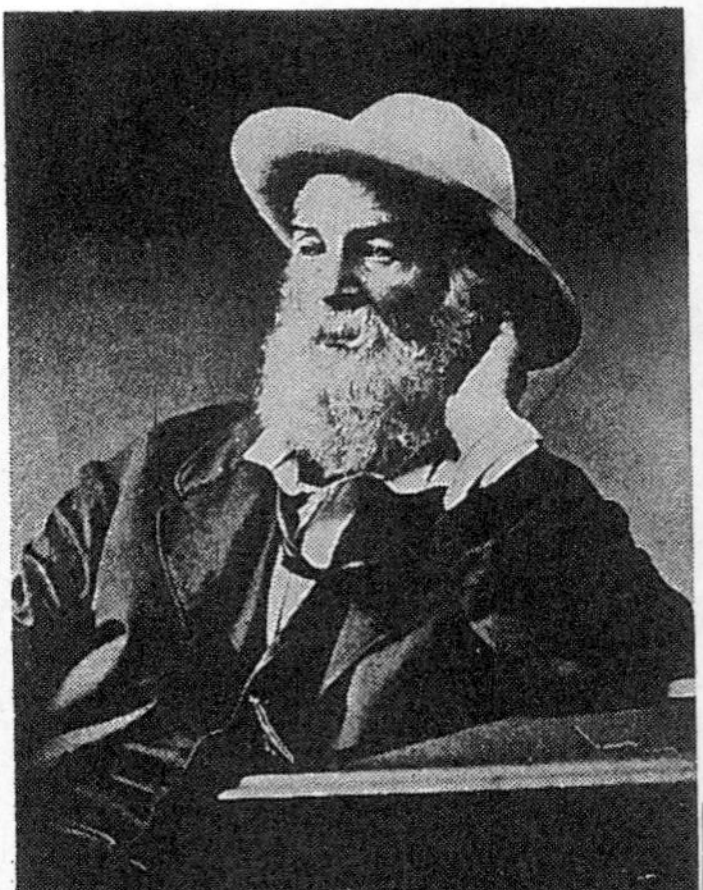

ホイットマン（右）と"O Captain!My Captain!"の原稿（左）

を航海するのだ
私達は、風が吹き、波が騒ぎ、ヤンキーの快走船が一杯に帆を張って走っている遙かな所に行くのだ
さあ行こう！　力、自由、大地、元素と共に！　健康、不羈、快活、自尊、好奇
さあ行こう！[1]

ホイットマンの多くの詩には、どこまでもあかるく、しかも、大地をしっかりとふみしめていく開拓者の心意気が、ロマンチシズムの香りもうつくしくうたわれている。開拓者の精神、いわゆるフロンティア・スピリットは、フランクリンにおいて理性的に定型化されたのだとすれば、いまや、ホイットマンにおいて情緒的に表現されたのである。ホイットマンの、この民族的ロマンチシズムを、純粋に音だけで形象化したものがのちのチェコスロバキアの作曲家ドボルザークの『交響曲第九番（新世界より）』（一八九三、アメリカでかかれた）だといってよいであろう。

フロンティアの消滅

西部への進出にともなって、東北部には工業の大規模な発展がみられると同時に、南部では黒人奴隷の使用による農場経営が大いに繁栄した。アメリカ社会の内部構造も、ようやく、初期の農業社会の単純さをうしなって、さまざまの産業的要因が複雑にからみあい、いろいろのかたちで矛盾が発生してきた。南部農園の奴隷解放問題をめぐっておこった南北戦争（一八六一――一

1）『草の葉』のなかの「大道の歌」（一八五六）より。有島武郎訳。

八六五）は、独立後の百年間に蓄積された国家内部の諸矛盾を解決し、ひずみをとりのぞいて、アメリカ全土を産業資本の支配のもとに再整頓する道をひらいたものであった。この戦争をきっかけにしてはじまったアメリカの産業革命は、アメリカをやがて、世界一の工業国へとのしあがらせるのである。

開拓の草分けしごと、独立戦争、石炭・石油ブーム、ゴールドラッシュ、鉄道熱、南北戦争、産業革命、と息つくひまもないような実践行動の生活がつづいているあいだは、行動はあっても、行動についての反省をしている余裕はなかった。人間の生活はあっても、生活をする人間が、自分たちの生きかたについて、じっくりと反省してみる暇はなかった。しかし、アメリカの領土は、いまや、西の海岸に達し、フロンティアをどこまでも前進させていったほろ馬車の御者（ぎょしゃ）たちは、ついに、太平洋の波うちぎわにたっている自分たちの姿を発見しなければならなかった。もうそこからさきへはいけない。このことを知らされたとき、ひとびとはあらためて身のまわりをみまわすのであった。ひたすらに実践にうちこんでひとつの限界点に達したとき、ひとは考える。「生きるということは一体なになのか。」「ほんとうの生きかたとはどういう生きかたなのか。」これは、自分の生活をたしかめてみるための、「思想」への復帰なのである。ひたすらな行動が人間の遠心活動であるとすれば、思想への復帰は人間の求心活動である。

いままではアメリカには独自の思想はなかった。イギリス、フランス、ドイツなどからの輸入品のかりものでまにあわせてきた。しかし、いまではもう、かりものではまにあわなくなっている。アメリカはあまりにも大きく成長をとげてしまっているし、また、その成長の過程で、アメリカだけがもつことのできた無数

1751年ごろのハーバード大学

のあたらしい経験をかさねてきていた。この身体にょくあい、貴重な体験を整理することができるような、新思想がもとめられなければならない。レディ・メードではなく、しっかり注文された思想でなければ、これからのアメリカを世界のひのき舞台に雄飛させることはできない。アメリカは、フロンティアの消滅によって、あたらしい哲学を必要とするようになったのである。

プラグマティズムの誕生

一八七〇年代のはじめの頃、マサチューセッツ州はケンブリッジの町にひとつの哲学研究グループがあった。この町はチャールズ川をはさんでボストンの対岸にあり、アメリカ最古のハーバード大学の所在地である。このグループは、ハーバードのわかい卒業生や大学の教師からなり、人数も十人にみたないごく小さなものであった。

弁護士、牧師、哲学者、化学者、心理学者などがそのメンバーで、かれらは二週間にいちどくらいのわりあいでなかまのだれかの書斉にあつまって哲学の諸問題についてはなしあった。かれらは自分たちのグループを「形而上学クラブ」とよんでいた。砂糖をふりかけたオートミールをするのが、このクラブの、たまさかの、ごちそうであった。

当時は、ヨーロッパにおいても、また、アメリカにおいても、思想上の最大の問題のひとつは、チャールズ＝ダーウィンがその『種の起源』（一八五九）において理論的に体系化した進化論と、キリスト教の教理とが、両立することができるかどうかという問題であった。進化論が正しいとすれば、旧約聖書「創世記」の物語はウソだということになるし、キリスト教の教理が絶対の真理だとすれば、進化論の成立する余地はなくなる。要するに、科学と宗教の矛盾をどう調整し理論的に解決したらよいのか、ということが良心的な科学者や哲学者の共通の問題であった。

これは、いいかえれば、人間がいだくさまざまの「信念」は、どのようにしてつくられ、どのようなはたらきをするのか、という問題である。真理を真理として確信し、それにもとづいて行動していくのが人間の生活である。行動には、かならず、なにかについての信念がつきまとっている。もちろん、行動し、生きていくとき、さまざまの疑念が生じてくることもたしかである。近代哲学の父、十七世紀フランスのデカルトのように、すべてのことをうたがってみたひとさえいる。しかし、デカルトといえども、うたがいながら生きていた。生きていたかぎり、かれは、明日もまた太陽は東天にのぼるであろうということを、無意識のうちに信じていたにちがいない。

しかし、信念とは、科学によって発見され、伝達される真理を確信することか、あるいは、宗教によって啓示され、教化される真理を確信することか。形而上学クラブのひとたちはこの問題をどう考えたか。みんなの意見がおなじだったわけではない。ただ、みんなの意見の最大公約数として、キリスト教の神の存在は否定しはしないが、宗教は宗教、科学は科学、としておのおのの領分をはっきりわけ、日常生活を可能にするさまざまの信念は、科学によってあきらかにされる真理にもとづくべきである、という共通の考えかたがあった。この共通の考えかたは、グループの熱心なひとりであった、チャールズ＝サンダーズ＝パースがまとめた論文に表明されている。

パースは、このような、かれらのなかまに共通の哲学上の立場を「プラグマティズム」と名づけた。「プラグマ」とは、行動とか行為を意味するギリシア語である。要するに、実験とか実践、つまりひろい意味での行動を人生の中心におき、真理も信念も習慣も、すべて、行動をとおして形成され、修正され、破棄される、というように考えるのである。行動的人間として、「はじめに行動ありき」という生活上の信条をもったアメリカ人は、一八七〇年代にはいるや、ここ清教徒的雰囲気のつよい大学の町ケンブリッジにおいて、その行動自体の意味をふりかえってみるだけの余裕と、それを自己に問題として課した一群の学者をうみだしたのであった。プラグマティズムは、アメリカの風土におけるアメリカの独自の経験が理論として結実したものであって、フランクリンの理性とホイットマンの情緒とが、ここに、ひとつのアメリカ型「知性」としてみごとに統一されたといってよいものである。

形而上学クラブの同人に、のちに、書物をとおし、また、直接の交際をとおして、デューイに決定的な影響をあたえたウィリアム＝ジェームズがいた。パースやジェームズが、オートミールをすすりながら、哲学の問題を論じあっているころ、ケンブリッジから約三百粁ほど西北の山のなかにはいったバーリントンの町で、ジョン＝デューイは、田舎の小学校へかよっていたのである。

Ⅱ ジョン＝デューイの生涯

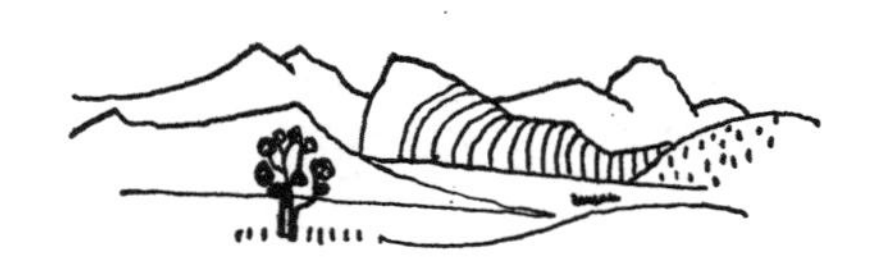

うつくしい湖水のほとりで
――少年時代――

先祖をたずねる

ニューイングランドはアメリカ合衆国の東北のすみ、北緯四十度以北にある岩山の多い地方である。アパラチア山脈の北部の山なみは、北から南にながれるハドソン川とコネチカット川のふたつの谷によって切断され、西からアディロンダック山系、グリーン山系、ホワイト高地の三すじの山地が南北に縦走している。ハドソン川の谷を北へさかのぼると、その奥に、むかし氷河がはこんだ堆積物(たいせきぶつ)によって谷川の水がせきとめられてできたという、風光明美なシャンプレーン湖がよこたわる。この湖の東南岸にあるバーリントンの町は、バーモント州の政治と産業と文化の中心地で、自動車が発達してからのちは、ニューヨークやボストンなどの大都市にはたらく裕福なひとびとの、植民地風の別荘が多くたてられたが、デューイのおさなかりし頃には初期清教徒の入植当時のおもかげを、まだ、多分にのこしていた。

ジョン=デューイは、この町で、ある食料品屋の三男として、一八五九年の十月二十日に生まれた。長兄はおさなくしてなくなったので、ジョンは、年齢のあまりちがわないすぐ上の次兄のデービス、弟のチャールズといっしょに、ちかくの公立学校にかよった。バーリントンの一般家庭の子どもは、みんな、この学校で勉強したのであって、ごく少数の上流階級の子弟だけは私立の学校へいったが、かえって、みんなから、「イクジナシ」とか「ナマイキ」などと馬鹿にされるのであった。町全体の雰囲気がどことなく庶民的で、開拓時代の、階級の区別など問題でないといったような民主的な気風がただよっていたのである。

一六二〇年から三三年のあいだのいずれかのときに、イギリスをのがれて、マサチューセッツのドーチェスターに入植した清教徒の開拓移民の一団のなかに、トマス＝デューイという男がいた。かれの父または祖父はフランダース地方からイギリスに工芸織物の技術をつたえた機織工（はたおりこう）たちとともに、ドーバー海峡をわたったものらしく、それからすぐに、トマスの代になってアメリカに移住したのである。デューイという家名は「ドゥ・ウェ」、つまり、「牧草地の」という意味をもっている。おそらくは、フランダースで小さな牧場を所有していた農民の出であったとおもわれる。日本なら、さしずめ、「牧野」

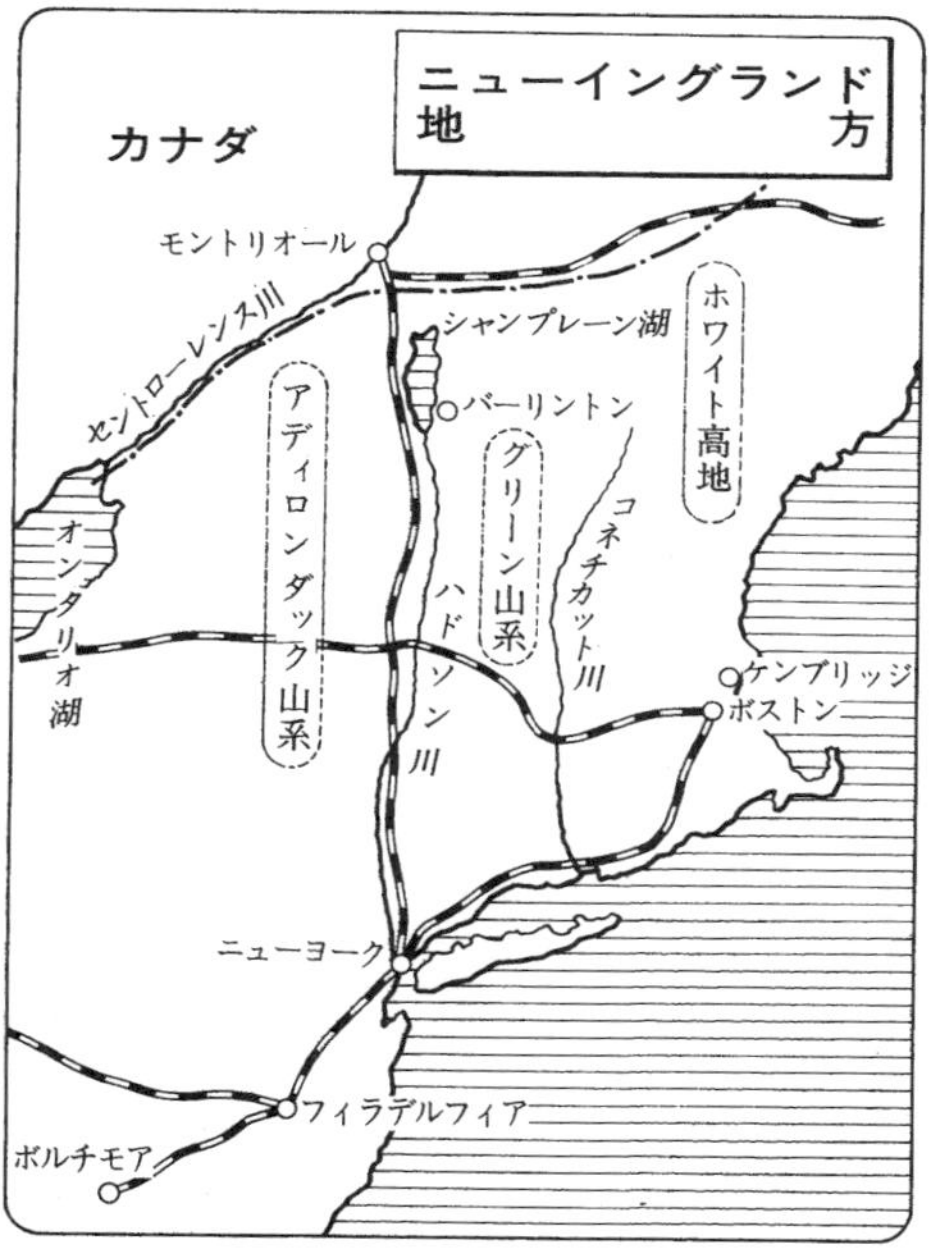

といったところであろう。トマスはそのご、コネチカット州のウィンザーにうつって、農業のかたてまに小さな商売をやったが、その子孫はコネチカットの谷あいにひろがり、農業、車大工、建具師、鍛冶屋などで生計をたてるものが多かった。

ジョンの父のアーチボルド=デューイもこのトマスの一統なのであるが、かれはバーモント州北部の農家の出身で、バーリントンにでてきて、食料品やタバコ類の店をひらいた。一八一二年に米英戦争[1]がはじまったときには、かれはまだほんの子どもであったが、シャンプレーン湖のほとりで大砲がとどろくのを耳にしたことをよくおぼえていて、あとになってから、ジョンたちに、よくその話をしてきかせたものであった。デューイ家では代々晩婚であったらしく、トマスとアーチボルドのあいだも、わずか四代しかはなれていなかったから、親から子へとかたりつがれる開拓や戦争にまつわる物語りは、きくもののおさない心に、なまなましい印象をきざみつけたのである。

ハムとタバコ

ジョンがうまれたとき、アーチボルドは、すでに、五十歳にちかかった。かれは南北戦争がおこると、バーモントの騎兵隊の下士官として従軍した。学校へほとんどいかなかったアーチボルドは、自分でイギリスの古典文学をよんで教養のたしにした。ラムとかサッカレーのものを

1) フランス革命およびそれにつづくナポレオン戦争のさいに中立の立場をまもったアメリカは、貿易上大きな利益をおさめたが、やがて、イギリスの通商妨害や船舶の捕獲によって打撃をうけたのでイギリスとのあいだに戦端をひらき、これに勝つことによってアメリカは完全にイギリスから離脱するにいたった。この戦争は一八一四年、ナポレオン戦争の終結とともにおわった。

このみ、また、バーンズのユーモアにとんだ詩を子どもたちによんでやることをたのしみにしたものであった。シェークスピアやミルトンのものもよくよんだが、これは教養のためというよりは、気のきいたもののいいかたや、口調のよい文句に感心したからで、しごとをしながら、よく、ミルトンの詩の一句をくちずさんだ。アメリカの詩人のエマースンや作家のホーソンのものはあまりこのまなかった。なぜなら、かれらの作品には、わけのわからぬ理屈が多かったし、因襲的な神学にとらわれすぎていたからである。

アーチボルドは、商売はへたくそだったが、文学上の知識を利用して、たくみな広告文をつくることで知られていた。たとえば、自分の店でうるハムと葉巻のことを宣伝するのにつぎのような広告をした。

ハム、葉巻あります。薫製と非薫製。
(Hams and cigars, smoked and unsmoked.)

これは、ハムは薫製で、葉巻はまだ火をつけてない新品、ということをしゃれていったのである。もうひとつ、ある銘柄の葉巻をしいれたときには、

わるいクセでも、これならゴカンベン。
(A good excuse for a bad habit.)

とかいてはりだした。タバコをすうのはよくないとわかっていても、この広告文をよんで、つい、アーチボルドの店へはいったひともいるのではなかろうか。

ジョンの母のルシナ＝アーテメシア＝リッチは、おなじバーモントのショアハムの生まれで、アーチボルドより二十歳もわかかった。リッチ家もデューイ家とおなじ頃にアメリカに移住してきたのだといわれてい

るが、リッチ家のほうが経済的にも裕福で教育程度もたかかった。ルシナの祖父はワシントンで国会議員をやったことがあるし、父のデービス＝リッチは、ショアハム近在では、その名のとおりに、「オダイジン」（リッチ）とよばれていた。かれはアディソン県の裁判所でシロウト裁判官として本職の裁判官をたすけるしごとをしたが、その公正な態度とあたまのよさは、近隣のひとびとから大いに信頼をよせられた。こういうわけで、ルシナの兄弟たちは、いずれも、大学でまなんでいる。

ルシナの気質は、のんきな夫にくらべて、ずっとしっかりしており、しかも、宣教師のような熱心さをもっていた。彼女は子どもたちに対してもきびしかったし、また、大きな期待をかけていた。デービス、ジョン、チャールズの三人の子どもが、いずれも、デューイ家のしきたりをやぶって、大学教育をうけたのは、この母親におうところが大きい。父親の文学趣味と母親の教育熱心のおかげで、子どもたちは、おさない時分から、当時のこのあたりの商売人の子どもとしてはふつう以上に、読書の機会にめぐまれた。

かれらが公立学校にかよっているあいだに、バーリントンの町にできた公立図書館を利用することもできた。それにジョンたちは、町で発行される夕刊新聞の配達や、カナダからシャンプレーン湖ちかくの材木置場にはこばれてくる材木の数をかんじょうするアルバイトをやってかねをため、チェンバーズの百科辞典[1]一組やスコットの小説[2]ひとそろいをかったりしている。すくなくとも、スコットの小説はよんでみたらしい。

1) スコットランドの書籍出版・販売業者ウィリアム＝チェンバーズが、一八五九年から一八六八年にかけて刊行した百科辞典。
2) イギリスの作家ウォルタ＝スコット卿が一八一四年から一八三一年にかけて発表した「ウェバリー小説集」という一連の散文小説。

家計はそれほど困難ではなかったから、子どもたちは、せいぜい、家事の手伝いをするということぐらいでよかったのであるが、子どもにやれるしごとをやって、自分でかねをかせぐということは、けっして、みにくいことでもはずかしいことでもなく、清教徒的、開拓者的雰囲気のなかでは当然のこととみなされていた。行動すること、はたらくこと、が価値をつくりだす根本であるという信念をもち、また、はたらくことが子どもの独立心や責任感をやしなうものであると考えることが、当時の一般的な風潮だったのである。

いなかの生活

デューイ家の少年たちの生活は単純であり、健康的であった。しかし、おなじ下町らしい空気につつまれてそだちながら、かれらの生活は、まわりのほかの少年少女たちの生活とは、かなり、ちがっていた。ジョンとデービスは「本の虫」だったし、それに、ジョンは内気（うちき）で自意識がつよかった。母かたの従兄（いとこ）のジョン＝パーカー＝リッチは、ジョンよりも二歳とし上であったが、アーチボルドが南北戦争に従軍しているあいだに、リッチは母をうしなったため、ルシナにひきとられた。ジョンは兄をひとりよけいにえたようなものであった。かれらのなかのよい友だちには、すこしとしはとっていたが、リッチ家のとおい親類にあたる、バーモント大学の総長の息子たちの、バッカム兄弟がいた。このように、かれらの周囲には、なんとなしに、知的な雰囲気がただよっていた。

夏休みになると、よく、母かたの祖父の田舎（いなか）へいった。そこには、川のほとりに製材工場があり、水車がかたかたまわる製粉場があった。それは、少年たちにとって、この上ない健康なあそび場所であった。あるいはまた、ジョン＝リッチの父のところへいった夏は、まぐさ置場や石灰をやく窯をみてあるくのがおもしろくて、本をよむのもわすれてあそびまわった。一方、学校の授業はつまらなかった。かれらは同級生なかまではとしはわかかったが、それほどがつがつ勉強しなくても、よい成績をとった。早熟というわけではなかったが、ほかの子どもたちのやるゲームには興味をもたなかった。しかし、かれらは、同級生たちとどこかちがっていることを、べつに不幸だとも意識しなかったし、みんなといっしょに勉強したり、あそんだりすることに満足していた。

当時のバーモントは、現在と比較すれば、あまりにも窮屈な道徳意識がひとびとのまわりに重々しい気分をつくりだしていた。それは清教徒的というよりは、むしろ、福音主義的な宗教的雰囲気によってもたらされたものであった。町のすべての子どもたちは、こうしたかたくるしい雰囲気をのがれて野外をとびまわった。ジョンたちも、もちろん、そうしたのである。しかし、デューイ家の少年たちには、このほかにもまだいろいろの意味で、かれらの心にゆたかな影響をあたえる事柄にことかかなかった。たとえば、母のルシナは夫のアーチボルドが出征したとき、あまりにもながいあいだたがいにわかれわかれになっていることを心配して、戦争の最後の冬には、子どもたちをつれて、北部バージニアの夫の部隊がいた場所にひっこした。東部の冬はさむくてながい。しかも、戦争のさなかのひっこしである。これは当時の婦人にとっては、まったく、英雄的な行為であって、この荒涼たる戦場における不自由な生活に耐えて生きた母の姿は、おさない少年たちの心にふかくきざみこまれてきえることがなかった。

自然のふところで

ニューイングランドはうつくしい自然の景色にとんでいた。山紫水明の氷河湖がいたるところにちりばめられていた。デービスとジョンはアディロンダックの山々をあるきまわり、グリーン山脈の最高峰マンスフィールドにものぼった。ボートにテント、毛布、食料品をつみこんで、シャンプレーン湖のはしからはしまでを探検したこともあった。また、材木をはこぶ馬車を一台かりて、ボートをセントローレンス川とシャンプレーン湖をつなぐ運河にはこび、カナダ内陸の湖までこぎのぼってもみた。このカナダへの冒険旅行は、「魚つり旅行」とよばれたのだが、かれらがやとったインディアンの案内人によれば、「月はおぼろ」といったのんびり旅行で魚はほとんどつれなかった。この旅行には、ジェームズ＝バッカム、ジョン＝バッカムの兄弟もくわわった。ジェームズは大部分の時間を森のなかですごして、いろいろの動物を観察した。かれらは旅の途中で、いままではかたことしかしらなかったフランス語をおぼえ、学校でフランス語をならうまえに、町の図書館からかりてきたフランス語の小説をよむことができるようになった。こうした少年時代の環境は、のちのジョン＝デューイの教育理論の形成に大きな役割をはたした。しかも、その上、かれのなかまは、少年でも青年でも、ほとんどすべてのものが家のしごとをてつだい、責任を分担していた。わかいひとびとは農業でも工業でも、簡単なことなら、たいていのことをやることができた。

それにひきかえ、学校はおもしろくなく教科書はよむ気がしなかった。学校で退屈でない時間といえば、授業をはなれて先生と愉快にはなしあったときだけであった。都市が成長し機械産業が発達してくるにつれ

ニューイングランドの風景

て、いままでひとびとがもっていた職業に対する責任感もなくなり、しごとをとおして、たがいに、個人的にしたしく接触し、学校教育ではえられないものを身につけるというプラスの面も、ますます、さまたげられるようになった。デューイが子どもであった時分には、容易に入手できなかった読み物も、安く豊富にでまわり、いながらにして本をよむことができるようになった。これやあれやで、デューイがそだったような農業中心の社会で、よみ・かき・そろばんだけやっていた学校教育は、そのころでさえ退屈なものであったのに、ますます無意味なものになりつつある。とにかく、かれが大学にはいるまでにうけた教育のもっとも重要な部分は、教室以外のところでえられたのであって、人間のほんとうの勉強にとってもっとも効果があるのは、各人の職業的活動である、というのがかれの教育理論の中心概念となった。

美しい自然のふところの奥ふかくを探検するよろこびをあじわい、また、自然と直結する生産と生活によってほんとうの勉強をあたえられたジョン゠デューイは、この少年時代への郷愁をかれの学校教育論において理論化したのである。

知識の園

——大学時代——

進化論の洗礼

ジョン＝デューイは十五歳で高等学校を卒業した。その当時、家族はバーモント大学のちかくのプロスペクト街にすんでいた。兄のデービスは一年まえにバーモント大学に入学したが、病気のため休学したので、翌年入学したジョンや従兄のジョン＝リッチといっしょに学ぶことになった。かれらはそろって一八七九年に大学を卒業した。

その頃のバーモント大学はまだ小さかった。専門家養成を目的とした工科と農科は十二年ほどまえにできたばかりであった。デューイたちはギリシア語の単位をとったが、かれらは工科以外のすべての学科の教授たちと接触しなければならなかった。あらゆる学科を学ぶことが要求されたのである。最初の二年間は、ギリシア語、ラテン語、古代史、解析幾何、および微積分の授業があった。三年生になると自然科学が重要な学科になった。パーキンス教授が、ジェームズ＝D＝ダーナという当時の地質学者でもあり、動物学者でもあったひとのかいたテキストをつかって地質学を教えた。パーキンスは進化論にもとづいていろいろの教材を進化の順序にならべてみせ、きれいに説明してくれた。それは神による創造の神話に対する疑念をみごとに科学的に論証するものであった。

おなじとしに生理学の授業もあったが、これには、イギリスの学者トマス＝ヘンリー＝ハクスリーの『生理学原論講義』がテキストとしてつかわれた。進化論の立場にたつハクスリーのこの教科書から、デューイは、生きとし生けるものが、生命をもつものとしてひとつである、というあざやかな印象をあたえられた。個々の生物をこえた全体的な生命現象があるということの発見は、デューイをまったくおどろかせた。青年期によくあることだが、ものごとの個々の現象にとらわれず、全体をひろく展望することに知的興味をもつことが、哲学の態度だとすれば、デューイは、ハクスリーの本によって、かれの哲学的興味をひきおこされたのだということができる。

大学の図書館には、イギリスからかった新着の雑誌がそなえてあった。これらの雑誌は進化論をめぐっておこる、さまざまの問題についての論争をのせていた。『隔週雑誌（フォートナイトリー）』は急進派の科学思想を代表し、『現代評論（コンテンポラリ・レビウ）』は保守派を、そして、『十九世紀（ナインティーンス・センチュリ）』は中道派を、それぞれ代表していた。この時期には、大学では、「シンポジア」とよばれる、単一の題目についての合同討議の時間がくまれ、進化論がテーマにえらばれた。ハクスリーとならんでイギリスの科学者チンダルが学生につよい影響をあたえたのもこの頃である。

学生たちは生物学に興味をもったが、それは進化論にひかれたのであって、生物学という特殊な分野に関心をもったわけではなかった。また、学生たちがこのんでよんだ例の雑誌は、たんに進化論を科学の理論としてとりあつかったばかりでなく、きわめてひろい範囲の議論をのせた。なぜなら、十九世紀の後半になってから急速に発展した科学と技術は、いたるところで、伝統的な信仰体系との衝突をひきおこし、科学と宗教の全面衝突をどう解決するかということが、日常生活の上でも、思想の上でも、緊急の課題となっていたからである。進化論論争は、この衝突の最前線でのできごとにほかならなかったのである。デューイは、これらの雑誌をよむことによって非常に大きな刺激をあたえられたのであって、ふつうの哲学の授業よりも、はるかにふかい影響をうけた。のちになって、デューイはみずから、「この時期に、はっきりとした哲学的関心がはじまった」とのべている。

バッカム総長

四年生になると、それは最終学年の課程であるから、ものごとをひろく概観して、全体を正しく把握する能力をやしなうために、より大きな知的世界へと学生を導入するような授業が行なわれた。トーリー教授は、アメリカの教育者で心理学を専攻した同時代のノア＝ポーターのかいた知識哲学にかんする書物をつかって、心理学の講義をした。また、十八世紀イギリスの哲学者バトラーの『自然宗教と啓示宗教の比較』によって、宗教哲学にかんする短い講義も行なった。このほかに、論理学や倫理学の授業もあったが、哲学史はとくに教えられることはなかった。授業のあいまに、おりにふれて、とりあげられるだけであった。総長のバッカムは、経済学、国際法、およびフランスの歴史家ギゾーの『文明史』の講義をした。学生たちは、これらの授業のほかに、自分でプラトンの『国家論』をよみ、また、当時のイギリスの経験主義者アレキサンダー＝ベインの著書を勉強して、イギリス経験論についていくらかの知識をえたものだった。

バッカム総長はすぐれた教育者であった。かれはものごとを順序正しく考えていく論理的な精神をもち、しかも、その考えを明確に表現する能力をそなえていた。しかし、かれは、自分の信念を学生におしつけることはしなかった。かれの教育法は、自分で絶対的な真理だとおもっていることを学生に信じこませるやりかたではなく、学生が自分で真理だとおもうことを考えだすことができるように、はたから学生を援助してやるやりかたであった。それは、ちょうど、むかしソクラテスがアテネの青年たちに対してとった教育の方法とおなじであった。

総長は新入生が入学してくると、かれらと、なにかの本をつかって、基本的なモラルの問題についてはなしあうという名目で、一週にいちど、面談することにしていた。ほんとうは、新入生の顔と名前をおぼえるためであったのだが。デューイは、この時間に討議された具体的な内容はほとんどあたまにのこらなかったが、その討議のやりかたについては、はっきりした印象をあとまでのこした。総長はまず、その週の宿題になっている章の大意はなにか、とたずねる。だれもこたえるものがない。そこで総長は、つぎの週からは、だれかひとり責任者をきめて発表させることにした、といういきさつがあった。このように、議論が細部の問題にはいっていくまえに、全体のみとおしをはっきりたてておくこと、また、ぎゃくに、本をよんだときには、細部を理解すべきことはもちろんであるが、ひとつの節やひとつの章が、一体なにをいおうとしているのであるかということを把握する態度の重要性を、バッカムは学生に教えたのである。総長のまえによびだされて説教をくう以外には、この授業だけが、学生と総長がしたしく接する機会であった。総長の教育者としてのすぐれた見識と方法は、ながくデューイの心にやきつけられたのである。

哲学の授業

バーモント大学は一七九一年に設立されたもので、州立大学としては、アメリカでも、ノース・カロライナ大学についで二番めにふるい歴史をもつ大学である。この大学は、ずっと哲学の伝統を維持してきたことをほこりにしていた。大学の初期のころの哲学の教師はマーシュ博士といって、アメリカ合衆国で、カント、シェリング、ヘーゲルらのドイツ観念論という思弁的な哲学をあえて研究した、おそらく最初のひとであった。マーシュ博士は、ドイツ観念論をイギリスに移入した十九世紀前葉のスコットランドのコールリッジという詩人の思想的立場を支持しその立場からドイツ観念論を研究した。

デューイが哲学の授業をうけたトーリー教授も、マーシュ博士の線にそって、スコットランド派の哲学を基礎にして講義を行なった。もともとイギリスでは、十七世紀のはじめに出現したフランシス＝ベーコン以来、人間の感覚的経験と、経験にもとづく帰納的推理とが、ほんとうの知識すなわち真理を発見する唯一の道である、という経験論の考えかたが支配的であったが、この立場をつきつめていくと感覚的に経験されないものは、すべて、存在することができなくなる。つまり、眼でみたり、耳できいたり、鼻でかいだり、舌であじわったり、皮膚でさわったりすることができないものは、この世界には存在していない、というのである。知覚にのぼらないもの、たとえば神とか霊魂とか理性とか意志とか、そのほか、いままで大切だとおもわれてきた多くのものが、この地上から姿をけさなければならなくなる。これでは、人間の道徳も宗教もその根拠をうしなってしまい、人間は安心して社会生活をつづけていくことができない。

そこで、スコットランド派の哲学者は、そういう感覚的性質をもたない観念的なものも、現実に存在しているのであって、いわゆる感覚的経験によってとらえられなくとも、人間にもともとそなわっている直観の能力によって直接にとらえられるのだ、と主張した。イギリス経験論のおかげでぐらついてきた道徳的・宗教的信念をやっとのことでささえる主要な知的要塞として、このスコットランド派の哲学は、イギリスでは重要なはたらきをなしてきた。この哲学は、人間の経験をこえたものが実在するのをみとめるという点で、進化論に対しても批判的な態度をとるのは当然である。しかし、スコットランド派の哲学には、ドイツ観念論の理性を重視する合理主義思想の影響がつよいので人間の理性よりは神の意志に絶対の権威をみとめる正統派信仰のつよいニューイングランドの雰囲気のもとでは、トーリー教授の哲学でさえ、神を否定する危険思想ではないかとうたがわれたのである。

トーリー教授は感受性のこまやかな、教養のある、そして芸術的センスのゆたかな趣味をもったひとで、この当時の北部ニューイングランドの精神的雰囲気が、もっと教授の繊細な気質にあったものであるなら、なにかもっと意義のある哲学上のしごとを達成したにちがいない、とおもわれるのであった。かれは気が小さいひとで自分の心をあけっぴろげにすることができず、おもっていることをはっきりくちにだしていうことができなかった。「知的に考えれば、汎神論[1]が一番満足することのできる哲学なんだが、それでは宗教的信仰と矛盾するのでね。」これは、のちに、トーリーがデューイにうちあけた心境であったのだが、このような内心の矛盾(むじゅん)になやむトーリーの小心が、かれのうまれつきの能力の十分な開発をさまたげているのだ、とデューイは感じるのであった。

学問と社会

学生時代に講義をきいただけのトーリー教授の哲学は、デューイに生涯の職業として哲学の研究をえらぶということを決意させるほどの影響力をもつまでにはならなかったけれども、かれが哲学というものに知的関心をいだくようになったことに対しては、やはり、ひとつの力にはなった。なお、デューイは図書館でイギリスの雑誌『フォートナイトリー』にのった、フレデリック＝ハリソンの諸論文をよんで、フランスの実証哲学者で社会学の創始者であるオーギュスト＝コントに興味をおぼえ、そこで、ハリエット＝マルチノーというひとが要約したコントの実証哲学をひもといてみた。わが人類社会は、神学的段階から形而上学的段階をへて実証的段階へと進化発展するという、コントの有名な社会進化の三段階説や、個人が利己心をおさえて人類のために献身することを理想としてこれにむかって人間を教化するために、あたらしい宗教として提唱された人類教のことなどは、とくべつデューイの興味をひかなかったが、コントが、現存の社会生活は将来解体するであろうといったことと、科学や哲学が発展するには、社会

1) 神はこの地上のあらゆるものに自己をあらわしている。だから、現実に存在するものはすべて神そのものである、と考える立場。唯一絶対の神は地上にではなくて天上にあると考える正統的な有神論や、それを根拠にしてなりたつ宗教的信仰とは当然矛盾する思想である。

が重要なはたらきをするのであるから、学問と社会的諸条件の相互関係を理論的にあきらかにすることが大切であるといったことは、それ以後いつまでも、デューイの思想に影響をあたえることになった。

三、四年の学生は、だれでも、シンポジアの時間には、問題提起のためになにか発表することを要求された。公開授業のときには、とくに、発表のしかたの上手なものがえらばれた。デューイもいちど発表することになって、準備はしたが、結局、発表しないでおわってしまったことがある。そのときかれがまとめた発表要綱は、「経済学の限界」という題のものであったが、これはあきらかに、経済学を社会学よりもひくい地位においたコントの影響をしめすものであった。

大学では、デューイはいつも成績がよかった。四年生のときには、いっそうがんばって勉強したので、かれの成績はバーモント大学開校以来の抜群のものとなった。ただ、ここで注意しておかなくてはならないことは、デューイが哲学に興味をもったのは、かれが科学と宗教の衝突の問題になやんで、これを理論的に解決するために哲学をもとめたというようなことではなかったということである。元来多くの哲学青年がそうであるように、人生のいろいろの問題に苦悩して哲学にこるなどということは、フロンティア精神の血をうけついだ天才ジョン＝デューイにとっては、無縁の生きかたにすぎなかった。かれは、知的天才にふさわしく、あのハクスリーによって刺激された意味での、純粋に知識の問題としての哲学の世界にひかれていったのである。

故郷をはなれて

——大学院時代——

森のなかの思索

一八七九年の夏、大学を卒業したとき、デューイはゆううつだった。いっしょに卒業したものは全部で十八人だったが、みな、就職ははかばかしくなかった。デューイは、経済的にもあそんでいられる身分ではなかったので、学校の先生になろうとおもったが、つとめさきもみつからず、秋から学校は新学年にはいったというのに、かれはあいかわらず、ぶらぶらしていなければならなかった。ところが、そのとき、デューイは、従兄のクララ＝ウィルソンからの一通の電報をうけとった。それは、ウィルソンが校長をやっている、ペンシルベニアのオイル・シティーの高等学校に教師の空席がある、という知らせであった。デューイは、もちろん、よろこんでそこの先生になり、ピッツバーグからアレガニー川を東北へ約二百粁ほどさかのぼったところにある石油の町へおもむいた。最初のとしの月給は四十ドルであった。そして二年間、ラテン語、代数、自然科学……となんでも教えた。二年たったとき、ウィルソンは結婚するために校長をやめた。デューイもそれといっしょにやめて、バーリントンにかえることにした。

つぎの冬には、ある期間だけ、となり町のシャルロッテにある田舎の小学校で教えた。しかし、こうしてバーリントンにいるあいだ、かれは母校バーモント大学のトーリー教授から、哲学の個人指導をうけることにした。そして、哲学史にでてくるいくつかの古典をよんだ。トーリー教授はデューイを森の散歩につれだし、教室ではなしをするよりも、もっと率直に腹をわって、かれ自身の見解をきかせてくれた。その内容はすばらしいもので、もっと気楽に研究できる条件にめぐまれたら、すごい哲学者になったにちがいないと、デューイに感じさせるのであった。この森のなかの思索と散歩は、わかき日のデューイにとって、自分の生涯のしごとを哲学の研究にきめるかどうかをめぐって、おそらく、希望と不安と焦燥とが交錯するものであったにちがいない。

大学の図書館に、ハリスというひとによって編集出版されている『思弁哲学雑誌』というのがあった。ハリスは、セント・ルイスの町で、いくつかの学校を経営していたが、同時に、ドイツ哲学とくにシェリングとヘーゲルに関心をもつドイツ人のグループで、一八四八年のドイツの内乱[1]をさけてアメリカに亡命したひとびとと接触をもっていた。『思弁哲学雑誌』は、このグループの機関誌であって、いくぶんか刊行状態は不規則であったが、長年のあいだ、アメリカにおける唯一のすぐれた哲学雑誌であった。

この頃では、デューイもようやく哲学を生涯の友として生きていこうと考えはじめていたのであるが、まだ、自信がなかった。そこで、ひとつの論文をかいて、それをおそるおそるハリス博士におくり、よんでも

1) 一八四八年、フランスに二月革命がおこるや、これはすぐドイツ連邦に波及し、オーストリアの首府ウィーンやプロシアの首府ベルリンに暴動が発生した。これはドイツ連邦内のスラブ民族運動やドイツ市民階級の自由主義運動などのあらわれであった。

らうことにした。自分が哲学者として、はたして、一生をやっていけるかどうかを判断してもらおうというわけである。しばらくすると、ハリス博士から返事がきた。かれは、デューイの論文は高度の哲学的精神をしめすりっぱなものである、といううれしい判定をあたえたのであった。ハリスはこの論文を、一八八二年四月の『思弁哲学雑誌』にのせ、題を「唯物論の形而上学的仮定」とつけた。このようなハリス博士の激励は、新進気鋭の哲学者デューイに、はじめて、一生涯哲学研究をつづけていくことの決意をさせた。ハリス博士は、さらにもうふたつの論文をデューイにかかせて、雑誌にのせた。これら三つの論文は、デューイが哲学界にデビューした処女論文ともいうべきものだが、のちになって、デューイがみずからかたったところによれば、その内容よりも、形式が論理的にととのっている点が注目されたのであった。

故郷との訣別（けつべつ）

トーリー教授とハリス博士に勇気づけられて、いよいよ本気で哲学を勉強することを決意したデューイは、ひとりの叔母から五百ドルを借金して、一八八二年の秋にボルチモアにむかって旅だち、ジョンズ＝ホプキンス大学の大学院に入学した。ここでデューイはかれの生まれたときから大学時代までの夢多き少年の生活をはぐくんだ、バーリントンの町とシャンプレーン湖とにながき別れをつげたのである。かれの兄弟も、ほかのおさな友だちも、それぞれの人生をあゆみはじめていた。ジョン＝リッチはバーモントで父の商売をてつだっていたし、弟のチャールズ＝デューイも実業界にはいり、その生涯の大部分を西部ですごしたので、それからのちは、兄弟が顔をあわせることも、そうたびたびはなかった。

少年の時代から詩に興味をもっていたジェームズ=バッカムは、しばらくのあいだ、その頃有名であった『ユース・カンパニオン』という雑誌の編集者のひとりとしてはたらいていたが、そのもちまえの才能を十分に発揮しないうちに、わかくしてなくなってしまった。その弟のジョン=バッカムはのちに、カリフォルニアのバークリーにある太平洋宗教学院という宗派をこえた神学学校の教授になった。

ジョン=デューイの兄のデービス=デューイは、バーモント大学卒業後、ある高等学校の教師をやってすばらしい成績をあげ、のちに、ジョンがジョンズ=ホプキンス大学院の二年にすすんだとき、おなじ大学院に入学してきた。かれはここで経済学を専攻して博士号をとり、マサチューセッツ工業大学につとめて、当時の同工業大学総長のジェネラル=ウォーカーがはじめて設置した統計および経済学の講義を担当した。デービスは生前のウォーカーとしたしく交際し、のちになってどこの工業大学にもおかれるようになってきた「工業管理」の課程について、そのありかたをふかく研究した。かれは経済学の理論面よりは実践面を強調したのである。デービスは、また、アメリカ統計学会の熱心な会員で、同学会の刊公物の編集にあたり、国際会議には代表として出席して活躍した。さらに、晩年には、『アメリカ経済評論』の編集者としてはたらいた。

このように、ジョンのおさない時代のあそびなかまは、それぞれの人生のコースを着実にあゆみつつあった。水車小屋やサイロのまわりをかけめぐり、湖水や運河をボートでこぎまわったデューイ、リッチ、バッカムのそれぞれの家の少年たちの心の底には、各自の労働と責任をおもんじる、ニューイングランドの清教徒の倫理があった。そして、かれらの多くは、故郷バーリントンの町をあとにして、はてしなき空間へとちっていったのである。デューイは、けっして、故郷に対して、はなれがたき哀惜のおもいをもたなかった。デューイのコロンビア時代の弟子でのちには同僚となったハーバート＝W＝シュナイダー博士がかたるところによれば、デューイは、できるだけはやく、神がみすてた土地をはなれようとおもったのだ、ということである。それがどういう意味なのか、あまり、はっきりしないが、デューイの体内にもまた、フロンティア開拓者のあつい血が流れていたことだけはたしかである。

学問のよろこび

ジョンズ＝ホプキンスでデービスとジョンの兄弟がともに勉強した時期は、兄弟の少年時代のなかのよかった当時のまじわりを復活させ、これからのち、半世紀にわたる友情のきずなをしっかりむすぶことになる。デービスは、社会的・政治的見解においては、ジョンよりも保守的であったが、ふたりは身体つきも気質も、きわめてよくにていた。ふたりとも、しごとを熱心に、公平にやる、なみなみならぬ力をもっていたし、客観的に公正に判断することができた。ふたりは、また、ことさらに快活な気質の所有者で、たいていのことを笑いとばすことができ、こまかなことにあまりくよくよしなかった。日本では、哲学者というと、なにかゆううつで、しかつめらしい顔をしていて、わかりきったことでもめんどうくさくいう人間だ、というようなあやまった通念があるが、ジョン＝デューイにかんするかぎり、ちょうどそれとはぎゃくの人間であった。

ジョンズ＝ホプキンス大学

その頃のジョンズ＝ホプキンス大学は、大学院課程に重点をおき、高度の研究を開発することを主要な目的にしていた。総長のジルマンは、これまでは学者になるためにはドイツへいって勉強しなければならなかった学生たちのために、アメリカ国内でも十分に勉強できるようにしてやる目的で、りっぱな教授陣と学生をそろえたのであった。学部四年のうちの後半二年の課程も一部おかれはしたが、主力は大学院にそそがれたのである。

総長はつねに学生たちにむかって、オリジナルな研究こそもっとも大切であって、しかも、やろうとおもえばできるのだということをくりかえし教えた。これは、学生たちを大いに刺激し、心をふるいたたせた。かれらは、これまで、世界にはまったくあたらしい研究をおこなっているひとびとがいるということは知っていたが、いままでうけた教育は、かれら自身がそうしたしあわせなひとびとのなかまになれる可能性と条件をそなえているのだ、ということを教えてはくれなかった。学問は、とおい世界からわたしたちにむかって、よびかけるようなものであるのではなく、わたしたちの身のまわりにころがっているのであって、大切なことは、自分でそれをほりおこすことだとジルマン総長は教えたのである。

あたらしい大学の雰囲気は、このように、すごく刺激にとみ、ここでデューイがあじわった経験は、それからのちになっては、けっして再現することができないような、生き生きとしたものであった。多くの学生にとって、生きていること、しかも、このような環境にかこまれて生きること自体に、無上の幸福が感じられるのであった。大学が単位をそろえて社会にでていくためのパスポートの発行機関であったり、スポーツをやるための暇な時間が十分にあるような「遊学」の場所であったりするようでは、「大学」の名が泣く。ジョンズ＝ホプキンス大学は、大学の名にふさわしく、デューイに、学問することのよろこびをあたえてくれたのであった。

ジルマン総長

教授をかこんで、教授と学生が一定の問題について討議をしていくセミナー形式の授業は、当時のアメリカの大学ではほとんどなされていなかったが、ジョンズ＝ホプキンスでは、これが学生たちの研究生活の中心であった。ジルマン総長は、ときどき、この大学の卒業生で、学問の上でも職業の上でも、りっぱに成功したひとたちのことについて熱心にはなしてくれた。デューイが準専攻科目としてとった歴史学および政治学の教室のハーバート＝アダムズ教授は、総長の話に、たくみに補足をくわえるのであった。学生数がすくなかったので、学生どうしでも、また、学生と教授たちのあいだででも、十分にしたしく接することができた。デューイのしたしい友人としては、兄のデービスのほかに、のちにほうぼうの大学で教鞭をとるようになったすぐれた学問の士が多かった。これらの友人とのあいだにつちかわれた友情は、教室や図書館でえられた教育のたりないところをおぎなってあまりある、すばらしいものであった。

ジルマン総長は、大学院の学生のひとりひとりとしたしく面談して、激励と忠告をあたえた。かれは、哲学の研究だけがすぐれたしごとである、などというかたよった考えかたをもってはいなかった。それは、とくにかれ自身が大学の学生の頃にならった哲学が、すこしもおもしろくなく、なんのたしにもならなかったというおもいでをもっていたからでもあったし、また、この頃では、哲学を大学で専門に勉強しても、社会的に職業や地位が保証されるみとおしがなかったからである。たいていの学校では、哲学的な科目を教えるためには、教会の牧師をやとってまにあわせていた。ジルマンは、デューイに、なにか哲学以外の分野にかわったらどうか、とあんにすすめてみたが、雑誌につづけざまに論文を発表したりして、うりだし中のわかき哲学者の、哲学への情熱をさめさせることはできなかった。

しかし、総長は、自分の勧奨（かんしょう）がうけいれられなかったからといって、学生との友情をたちきってしまうようなひとではなかった。一八八四年に、「カントの心理学」という論文で哲学博士の称号をとったデューイが、総長室によばれたとき、ジルマンは、デューイのひとづきあいのわるさと、本ばかりよんでいる習慣について、有益な忠告をあたえたばかりでなく、ヨーロッパで勉強をつづけることができるだけの学資を貸与してもよい、とさえいってくれたのである。デューイはこの申出はうけなかったが、総長の好意に対して心から感謝の念をいだきつづけたことはいうまでもない。なお、かれの学位論文はとうとう出版されなかったし、ジョンズ＝ホプキンス大学にもコピーはのこっていない。この「カントの心理学」という題名は、同大学の『学位論文一覧表』によって知られるのである。

ヘーゲル哲学とのであい

デューイが専攻した哲学教室では、ミシガン大学のジョージ＝S＝モリス教授が学年の前半を教え、ドイツにながく留学して最近かえったばかりのスタンリー＝ホール教授がのこりの半分を教えた。このふたりの先生、とくに、モリス教授とあいしったことは、デューイの精神にけしがたい影響をあたえた。モリスはアメリカでは数すくない牧師ならざる哲学教師のひとりであって、ドイツの哲学史家ユーバーウェーグの『哲学史』を英語にやくし、歴史的背影についてのゆたかな知識を駆使して、すべての授業をやった。かれは知識に対してあくなき情熱をもやしたひとで、しかも、授業にあたっては、誠実な感情をこめ、わかりやすくといてきかせた。

モリスは、清教徒的なニューイングランドの教育にみられるような、宗教的正統主義の伝統的なやりかたにつよく反抗したのであって、しばらくのあいだは、より世俗的であるとみられたジョン＝スチュアート＝ミルやアレキサンダー＝ベインなど、イギリスの経験主義者たちの思想に共鳴したこともあった。ドイツへ留学したときに、ヘーゲルのながれをくむ有神論的哲学者トレンデレンブルグの影響をうけ、ヘーゲルの観念論哲学とアリストテレスの実在論哲学をむすびつけようと考えるようになった。[1)]ちょうどその頃イギリス

1) 観念論（idealism）は、一般的にいって、客観的に存在するとおもわれるものは、じつはあたまのなかの観念であり、人間が考えることによって生まれるものだと主張するが、実在論（realism）は、人間が考えようと考えまいと、客観的な世界は人間の心のそとに独立に存在するのだと主張する。

では経験主義や功利主義に反対して、オクスフォード大学に、トマス＝ヒル＝グリーンを中心としてヘーゲル主義がさかえていたのに呼応して、モリスはアメリカにおいてヘーゲル主義の旗をかかげることにしたのである。

デューイは、モリスによって教えられたヘーゲルの哲学にふかく魅せられた。それにはモリス個人のひとがら――非凡な感受性にとむ純粋さ、精魂をこめてことにあたり、しかも、つねにすかっとした心をもつひとがら――があずかって力があったことはいうまでもない。しかし、デューイがそだってきたニューイングランドの精神的背景を考えてみれば、かれがヘーゲルにひかれた理由も納得できる。かれはおさないときから、バーリントンのある教会の会員であって、無意識のうちに、その教会が教えた教義を信じようと努力したが、その信仰は、とどのつまり、かれの感情をみたしてはくれなかった。ところが、モリスによって紹介されたヘーゲルの観念論は、少年時代の宗教的経験において十分にみたされることのなかった知性と情緒との融和をあたえてくれた。すでにのべたように、デューイが哲学という学問に興味をおぼえたのは、かれの個人的信仰の問題とは無関係に、純粋に知的な世界にあこがれた結果であったが、いま、ヘーゲルを知るにいたって、かれにとって、はじめて、哲学は人生の実践的諸問題にかかわりをもつ学問の地位を獲得したのである。デューイがのちにかいた、「絶対主義から実験主義へ」という回想風の論文のなかで、かれは、ヘーゲルとのであいは自分の思考方法に「永遠の沈殿物をのこした」といっているほど、この頃のデューイはヘーゲルのとりこになっていたのである。

沈殿物　ヘーゲルは、この自然界も人間界もふくめた宇宙のいっさいの現象は、「精神」というものが自己をそのような形にあらわしたものなのであって、自然も人間も歴史をもっているが、歴史とは、その精神の自己展開の跡なのだ、というように説明した。歴史は発展する。あるひとつの時代あるいは社会は、その内部にさまざまの矛盾を生じ、この矛盾を解決しようという運動がその時代、その社会自体のなかにおこり、結局、ひとつのあたらしい時代なり、あたらしい社会がつくられることになる。これは精神の自己運動にほかならぬのであってこのことは時代や社会についていえるのみではなく、世界のどんな事象をとりあげてみても、そのすべてが、ひとつの事象→内部矛盾の発展→矛盾克服のたたかい→あたらしい事象、という運動をしている。運動している、ということが、存在をつづけている、つまり、連続している、ということなのである。たとえば、わたしは日々にあらたなわたしとして、別のわたしに発展しながら、しかも、わたしはやはりおなじわたしとしてとどまる。このように、世界のことがらをすべて、矛盾ということを基礎にして、運動とか連続とか発展とかの概念で説明する方法のことを弁証法という。

各個人個人は、より広い意味での精神（たとえば社会）の発展のながれのなかに、その精神（社会）のにないてとして生きているのであるから、個人の生きかたは精神（社会）の運動や発展ときってもきりはなせない。個人と精神（社会）とはたがいに対立（矛盾）しながらも、個人がなければ社会もなく、社会がなければ個人もない、という相互依存の関係にある。ヘーゲルの弁証法によれば、個人と社会の関係はこのようにとらえられることになる。では、ヘーゲル哲学のどの点が、デューイにとって「永遠の沈殿物」となったのであろうか。

まず第一は、個人がその精神生活を形成するにあたっては、社会のもつ文化的諸制度に依存するという点である。つまり、個人個人がいだくさまざまの観念や信念や知的態度は、かれがそこにすむ文化的環境によって根本的に制約されるということである。これは、デューイがコントをよんだときに、すでに、ふかく印象づけられていたことでもあった。

第二は、ヘーゲルが「連続」ということと、「矛盾」のはたらきということを強調した点である。この点は、デューイがヘーゲルの考えかたに対して疑問をもち、だんだんとヘーゲルからはなれていくようになってからも、依然としてデューイの思想の根底にあってはたらきつづけたものである。

他方、デューイは、ヘーゲルのように、精神というようなそれ自身では感覚的経験によってとらえることのできない実体を、仮定することには賛成できなかった。人間の経験をこえるものが人間によって認識されたり、あるいは、人間の生活にはたらきかけたりするなどということは、人間の行動をうちでの小づちと考えるフロンティアの精神にとつてはとても承認することのできない非現実的なことであった。したがって実際的経験を尊重するヤンキイズムの伝統にさおさすデューイが、ヘーゲル哲学の方法論にみられる発展、連続というような考えかたはうけいれたが、ヘーゲル哲学の体系的内容には批判的であったということはふしぎなことではない。

人生へのかどで

——ミシガン時代——

希望にもえて

モリス教授はデューイのめんどうをよくみてくれた。デューイの勉強を経済的に援助してやるために、学部の学生に対する哲学史の授業をデューイにやらせたり、ジョンズ＝ホプキンス大学の特別研究員に推薦して、奨学金をもらえるようにもしてくれた。このように、学問の上でも、私生活の上でも、モリス教授の世話になったデューイは、一八八四年には学位をとり、大学院を修了した。しかし、このとしの夏も、かつてバーモント大学を卒業したときの夏とおなじように、就職さきがみつからず、おちつかなかった。自分は哲学などを生涯のしごとにえらんで失敗したのではないだろうか、などと考えることもあった。ジルマン総長の忠告のことなども、おそらく、切実におもいおこされたことであろう。しかし、根は陽気な気質だったから、それほどくよくよもしなかったにちがいない。そこへ、このたびも、モリス教授から恩愛の手がさしのべられた。デューイに、ミシガン大学の哲学科の専任講師にならないか、といってきたのである。年俸は九百ドルであった。デューイにそれをことわる理由はない。かれは、シカゴとデトロイトのふたつの大きな都会をむすぶ鉄道の沿線、デトロイトの西やく六十粁のところにある小さな大学町アン・アーバーにでかけていった。ここに、かれの哲学者としての生涯はあけそめたのである。ときに、デューイは二十五歳になろうとしていた。

デューイがミシガン大学につとめたときの総長は、ジェームズ＝B＝エンゼルであった。エンゼルはバーモント大学でバッカムのまえに総長をやったひとであったが、いまや、ミシガン大学がこの州全体の教育の頂点をしめ、州教育の指導権をにぎり、力づよく学問を発展させていかなければならない時期にめぐりあわせて、その抱負の実現のために努力しつつあった。エンゼルは理想的な総長であった。かれは、学生と教授陣のために、真に民主的な雰囲気を学園にもりあげ、創造的な教育にとってかくことのできない自由と責任とを強調して、大学の機能をフルにはたらかせようとした。かれの人間的な魅力と温和さとは、デューイのように、はじめてこの大学にやってきた教師や学生たちに、非常に気やすくとけこめるような気分をかもしだしていた。教授たちは、わかい教師たちにも、かならず声をかけてくれた。専任講師も毎週の学部の会議には出席した。このことは、わかい教師たちにとっては、かけがいのない勉強のチャンスであった。

このように、わかい講師でさえ学部の責任ある一員として待遇されたということと、大学が男女共学制の

ミシガン大学

一貫している州教育の頂点をしめているということ、このふたつの民主的な教育のありかたは、デューイにふかい印象をあたえ、のちのかれの民主主義と教育にかんする理論の出発点となった。かれの少年時代のバーモントの町の環境は、産業上、経済上の民主主義によってうらづけられることはなかったにせよ、かれの心に、無意識のうちに民主主義への信念をうえつけたのであったが、いまや、ミシガン大学において、その信念が意識的なものとなり、はっきりとした理想として、かれの思想の根底となっていった。だれかれの身分の区別なしに、バーリントンの町の公立学校へかよった頃の少年の心にあった庶民的民主的なものの考えかたと感じかた。少数のかねもちの子弟が私立学校へいくのを「イクジナシ」とか「ナマイキ」とかとよんだ、あの下町的な気分。これらのものが、アン・アーバーのわかき哲学者の人生へのかどでにあたって、ひとつの理論の次元へとたかめられるチャンスをあたえられた。

結婚

アン・アーバーの最初の冬がきた。デューイは、もうひとりの新任の教師とともに、ある下宿に室をかりた。その家には、ふたりの女子大学生が、やはり、下宿していた。そのうちのひとり、アリス＝チップマンは、デューイよりも数か月とし上であったが、それから二年後の一八八六年の七月には、このふたりは結婚することになる。それはデューイが二十六歳のときであった。チップマンはミシガンの生まれで、しばらく教師をやったあと、この大学でさらに勉強をしていたのであった。

彼女の家系の背景も、デューイの場合とおなじく、開拓者をその先祖としていた。父はかざり棚つくり師として、バーモント州からミシガン州へでてきたのであった。しかし、彼女とその妹のふたりは、おさなくして孤児となったため、母かたの祖父母によってそだてられた。この祖父というのが、ハドソン湾会社の出張員としてミシガンにきたひとで、毛皮商人特有の開拓時代のあの生き生きとした雰囲気をつたえるひとがらをそなえていた。かれは正義のみかたとして、インディアンに愛情をもち、戦争に反対し、宗教的には自由思想家であった。冒険的な事業がすきで、ミシガン州北部の道を調査してインディアンとの交易場所を管理したり、また、コロラドの山の奥に金鉱をほったが、あまりにも交通が不便すぎて、採算があがらずに失敗する、というようなひとであった。かれはほとんど学校教育をうけなかったが、ゆたかな経験と、責任感のつよい独創的な精神とは、学歴の不十分さをおぎなってあまりあった。

祖父母は、経済的にはかなり裕福であったけれども、ふたりの孫娘に対しては、それほど多くの物質的援助をあたえてはくれなかった。というのは、祖父母は、家庭内における個人主義を徹底的に実践し、孫たちにも、「自分で正しいとおもったことをやれ」というふうにして、あまり干渉しなかったのである。こうして、アリス＝チップマンは、子どもの頃から、きもったまの大きい祖父母のもとで、独立自尊の心をうえつけられた。彼女は、すばらしい精神のもちぬしであった。いつも、状況のうわべをつきやぶって、本質をみぬくことができたし、感受性にとんでいて、しかも、不屈の勇気と精力をもっていた。相手が、まともに、ものを知性的に考えようと努力しているときには、自分を犠牲にしてまでも、そうした相手の態度をのばすように、助力することをおしまなかった。

祖父母から、社会のさまざまの条件や不正に対して批判的な態度をとるように感化されていたアリスは、うたがいもなく、デューイの哲学的興味が、比較的はやい時期に、たんなる古典の註釈的なものから現代生活の諸分野へとひろがっていった、ということに対して大いにあずかって力があった。また、彼女は、ふかい宗教的気質をもっていたが、ある特定の宗教や特定の教会の教えは、けっして、うけいれなかった。この彼女の態度から、デューイは、宗教的態度というものは、人間の経験に自然にそなわるものであって、神学者や教会制度は、それを促進するよりも、むしろ、まひさせるものである、という信念をえた。この信念はのちに、デューイが、『だれでもの信仰』(一九三四)というかれの著書で、人間の心のなかにある「宗教的なもの」は否定することができず、尊重しなければならないが、既成の宗教は有害でもあり、無用である、という思想を展開したときの、理論的基礎になったものである。

タイプライター

アン・アーバーにおけるデューイとモリスとの交友がつづいた数年間は、デューイの哲学的立場が、ドイツ観念論のそれにもっとも接近した時期であった。それはもちろんジョンズ＝ホプキンスの大学院以来のモリス教授の影響によるものではあったが、当時は、イギリスでも、ドイツ観念論の洗礼をうけることがもっともはなはだしかった時代で、この状況がアメリカにも反映したのである。しかし、すでにのべておいたことであるが、東部海岸ケンブリッジの町に形而上学クラブのグループが誕生してから、もう、かれこれ十五年の歳月がながれている。アメリカは独自の哲学思想を発展させることができるだけの、経験と反省を十分にもっているはずである。ジョンズ＝ホプキンスのジルマン総長や、ミシガン大学のエンゼル総長は、すでにそのことの可能性を確信し、わかい学者たちに、はっぱをかけているではないか。妻アリスのすぐれた資質と才能からえられる助力のもとに、ジョン＝デューイは、こうした気運と激励にこたえるべく、かれ独自の思想の形成へとうごきはじめた。

ミシガン大学では、かれは主として、論理学、倫理学、心理学の研究と講義を行なったが、これらの研究をつうじて、ドイツ観念論が主張するような、人間は生まれつき本質的にそなわる理性とか精神とかいうものを先天的に所有するのではなく、人間はみずからの経験をおしすすめる過程において、だんだんに知性を発達させ、さらにその知性を道具としてあたらしい経験にたちむかうのである、という考えかた――知性道具主義――を展開しはじめた。このさい、ウィリアム＝ジェームズの『心理学原理』は、デューイの哲学的思考の方法を、ドイツ観念論の制約からときはなつのに、もっとも大きな、独自の役割をはたした。それは、ジェームズが、人間の意識のはたらきである、区別および比較の機能をつうじて事物の概念をあきらかにする作用、あるいは推理する作用などを、生物学の原理にもとづいて説明したことが、デューイにつよい印象をあたえたからである。

デューイは、その生涯に、かぞえきれないほどの論文や著書をだしているが、かれの論文多産性が発揮されるのは、一八八六年からである。このとしには合計七つの論文が各種の雑誌などに発表されている。かれは講義の草案も原稿も、当時としてはまだめずらしかったタイプライターでうっていた。プラグマティズムの哲学を発展させるのに、デューイやその他のひとびとと協力し、ウィリアム＝ジェームズの愛弟子でもあった、ホレース＝M＝カレンというひとが、ずっとのちにデューイの死後かたったところによると、デューイは、「世界で一番音のやかましいタイプライターをもっていて、それが、しょっちゅう、とんでもない時間にかたかたなっているようだった」という。人間の思想が原稿紙にかきあらわされるには、筆とスミ、ペンとインキ、タイプなど、いろいろの手段があるが、手段そのものに感情や個性が表現されないのは、タイプの場合がもっともはなはだしい。デューイの思想に感情がこめられ、個性がにじみでていることは、もちろんのことだが、それが透明で、だれにでも理解しやすいのは、タイプ原稿であったことにも、ひとつの理由があるのではないか。すくなくとも、タイプが発明され、それを利用して原稿をかくという技術水準の段階で、デューイの哲学が生まれてきたものであることはわすれてはならない。

師と愛児の死

デューイは、一八八八年に、ミネソタ大学の教授としてミネアポリスへいったが、そのとしに、かれの尊敬する恩師であり、いまでは同僚でもある、モリス教授がなくなったために、翌年には、ふたたび、アン・アーバーに、哲学の主任教授としてよびもどされた。個人的にも、社会的にも、モリスの死は、デューイにとっては大きな損失であった。哲学者としてのデューイの生涯は、バーモント大学以来、いろいろの恩師や先輩学者の激励と援助によって方向づけられ、軌道にのせられてきたのであるが、じっさい、もしモリスにめぐりあうことがなかったとしたら、デューイの一生はかなりちがう

ミネソタ大学

ものになっていたであろう。もちろん、こうしたことは、なにもモリスにだけかぎるのではなく、デューイがつきあい、影響をうけたすべてのひとびとについていえることなのであって、それらのひとびとは、いずれも、デューイの人生航路になんらかの意味で大きな役割をはたしてきたのである。しかし、そのうちでも、とくに、モリスが決定的に重要な意味をもっていたことは、だれも否定することはできない。

モリス夫妻は、新婚のデューイ夫妻のために、かれらの家をあけてくれた。かれらの親切さとおもいやりのふかさは、デューイの社会生活の焦点でさえあった。そして、結局、デューイは職業的なポストにおいても恩師の直接の後継者となる運命をもっていたのである。デューイ夫妻は、アン・アーバーで生まれた三番めの子どもに、モリスという名をつけた。これは恩師モリスへの感謝と敬慕の念がどんなにつよかったか、ということのひとつの証拠である。不幸にも、この子どもは二年後のイタリア旅行の途中、ジフテリアのためにミラノでおさない命をなくしてしまったのであるが、この事件は、デューイ夫妻にとって終生わすれえない心のいたでとなったのである。

当時の大学の授業には、まだ、牧歌的なところが多分にのこっていた。あるとしの春の学期に、デューイは倫理学のセミナー（演習）をやった。その授業は夕方の四時から六時までの二時間行なわれた。たいていの場合、かれの子どもたちのうちのだれかが教室へはいってきてさけぶのであった。「ジョン、お家へかえらない？」デューイは、いつもは、このとびいりのコヤギをそとへつれだすのだったが、たまには、教壇の上へつれていって、そこにまたせておいた。こんなときには、授業をうけている学生も、ちらっちらっと子どものほうをみたりして、さっぱりノーリッがあがらないようであった。

春で、陽気もよく、学生数もすくなかった。授業中うたたねをする学生もいたが、デューイは気にしなかった。このころのデューイは、ちょびひげをはやして、かなりの紳士きどりであった。大学の庭でフットボールの試合があると、デューイはよくみにいって、そばにいる学生に、チームのことや試合ぶりについて、あれこれと説明をしてきかせた。デューイの授業にでない学生たちは、どこかの上流階級の紳士が大学へフットボールの応援にきたものとばかりおもいこんでいたということである。

大学を卒業し、新進気鋭の哲学者としてみとめられ、そして、結婚もする、といったように、アン・アーバー時代のデューイは、人生におけるもっとも夢の多い、無限の可能性をたのしむ生活をおくることができた。それは、まだ、ほんとうの自分というものがかたまってしまってはいないが、しかし、なにか独自のカラーがはっきりしかけてきて、なにかやってやろうとうずうずしているといった状態であった。かれのまわりにはいろいろの思想が渦をまいていた。かれはその渦のなかをようやく自分で舟をこいでいくことができるだけの力をつけようと模索していたのである。

哲学の主任教授となったデューイは、次席の教授に、ジェームズ＝タフツをよんだ。タフツはマサチューセッツのアマースト大学を卒業し、ベルリンで学位をとったひとで、ニューイングランドの出身者にふさわしく堅固でごつごつした性格の所有者であった。シカゴ大学が創設された一八九二年、タフツはデューイよりもひとあしさきにシカゴにうつったが、これがあとで、デューイがシカゴ大学にまねかれる機縁となった。そして、シカゴにおける両者の協力関係は、のちの共著『倫理学』（一九〇八）として結実するのである。

優秀な同僚たち

タフツがシカゴにいってしまったあと、学生の増加にともなって、哲学の教師をふたり採用した。アルフレッド＝H＝ロイドとジョージ＝H＝ミードが、アン・アーバーにやってきた。ふたりとも、ハーバード大学の出で、ロイドは博士号をとったばかりのところであったし、ミードは論文を完成しないうちに、ベルリンからよびもどされたのであった。ロイドは独創性にとんだ学者で、特定の学派にぞくすることなく、その点で、影響力はそれほど大きくなかったが、率直さと公明正大さの故に教授陣の信頼をえ、ながく大学院課程の部長をつとめることになる。ミードとその家族は、アン・アーバーでもデューイ家にちかいところにすみ、両家がシカゴにうつったときにも、かれらはおなじアパートにすんだ。両家のとし上の子どもたちは、ほぼ、同年輩で、したしいつきあいがなされ、デューイ家のひとびとは、ミード夫人の実家をホノルルにたずねたことさえある。両家の友情は、これからあと終生つづくのである。

ミードは生前には、ほとんど、書物を出版しなかったので、かれがデューイにあたえた影響は、これまで過少に評価されてきた。ミードの学風は、とくに自然科学部門の理解においては、デューイよりもはるかにすぐれていた。ミードの主要関心事は、人間の心理現象を、生物学の理論とむすびつけて説明することであった。これまでの心理学あるいは哲学は、心理現象を説明するのに、生理学的基礎としての脳髄だけに着眼した。あるいは、せいぜい、有機体の全体からきりはなされた神経組織だけに着眼した。しかし、脳髄や神経組織は、一定の環境において作用したり反応をしめしたりして生活する有機体というひとつのまとまりに特有の機関としてとらえられて、はじめて、意味があるのであって、環境や有機体そのものからきりはなされてしまったのでは、存在することもできなければ機能をもつこともできない。心理現象は、知識であろうと思想であろうと、すべて、この見地から説明されなければならない、というのがミードの見解であった。

このほかには、有機体と環境とのあいだの安定―→動揺―→安定回復というプロセスの解明、人間の自我の起源を社会的関係にもとめる理論などを展開した。このとき、ミードの思考において中心的な重要な位置をしめていたのは、有機体（人間）の社会的行動であって、かれの『行動の哲学』はアメリカのプラグマティズムにおいてもっとも重要な理論的貢献をしたもののひとつである。これらのミードの思想はたがいの討論をつうじてデューイにふかい感化をあたえたのであって、一八九〇年代以降はミードのデューイに対する影響はジェームズのそれに匹敵（ひってき）したのである。

独自の思想の形成

──シカゴ時代──

デューイ学校

ミシガン大学が州の教育の中心であったことが理由で、デューイはよく州内の学校をみてまわったり、教師の会合にでかけていっては教育心理学のはなしをした。自分の三人の子どもを観察することも、発達心理学の理論をじっさいにためしてみることにやくにたった。教育というはたらきがたんなる理論でおわってしまうことに対してデューイは感情的に不満であった。かれは、当時の教育方法、とくに、小学校の教育方法は、子どもたちの正常な心理的な発達に十分調和していないという結論に到達した。教育をほんとうのものにするには、子どもの学習活動の発展の過程を、まず、心理学的にあきらかにする必要がある。さらに、デューイは、大学における倫理学の授業の必要上、道徳について研究した結果、人間が協同してはたらくことをつうじてできるなかまづくりが、人間的成長にとってかくことのできないものであることを確信するにいたった。そこで上のふたつの原理、つまり、発達や学習についての心理学的原理と、社会生活をつうじてのなかまづくりの原理とを、むすびつけてみる実験をやれるような学校がほしい、というねがいをもつようになった。同時にそれは、かれ自身の子どものおりに経験した退屈な学校教育から、自分の子どもたちを解放してやりたいという父親のねがいでもあったのである。かれにおいては、哲学はその理論の社会的応用と実験的検証を学校におけるじっさいの教育活動の場面でもたなければ、哲学としての意義はないと考えられたのである。

一八九四年に、デューイがシカゴ大学から招聘（しょうへい）されたとき、それをうけたのは、哲学および心理学の教室に教育学がふくまれているということが理由であった。つまりかれの哲学が教育の実践と容易にむすびつくことができるという希望があったからである。シカゴにおもむいたデューイは、その地に、子どもたちのためにほんとうの教育をあたえてやりたいとねがっている一団の教師がいることをみいだした。デューイはかれらと接触し、たがいに教育の理想的なありかたについて討論した結果、この教師たちの財政上ならびに精神上の援助のもとに、デューイを責任者として大学付属小学校を設置することにした。この学校は、「実験学校」と名づけられたが、一般には、「デューイ学校」として知られた。これは、物理学にとって実験室があるように、教育学にとっても、いろいろの実験をしてみる実験室があるのが当然であるという趣旨からそう名づけられたのである。シカゴ大学当局は千ドルの資金を提供しただけであった。この学校は七年間つづいたが、そのあいだ、デューイの友人や後援者たちは、この学校の維持のために、大学がやった以上の努力をかたむけたのである。

デューイの数ある著作のなかでももっともひろくよまれた『学校と社会』（一八九九）は、ヨーロッパおよび東洋の十二か国語に翻訳されたが、この本は、実験学校に寄付金をあつめる必要からなされたデューイの

シ カ ゴ 大 学

三回にわたる講演をもとにして出版されたものである。それはデューイの教育理論のなまなましい表現であるとともに、かれの思想の全内容を教育という中心課題をめぐってのべたものである。しかしこの時期において大切なのは、デューイが自分でもいっているように、かれがドイツ観念論の影響からぬけだして、もっと現実のありのままを重視する立場へうつりつつあった傾向を、決定的なものにしたということである。かれはこの変化を、「絶対主義から実験主義へ」という言葉でいいあらわしている。この変化は、かれの周囲のいろいろのひとびととのふれあいをつうじておこってきたものであって、それはかれがよんだ多くの書物よりも、はるかに大きな影響をかれにあたえたのであった。実験学校をめぐってデューイが接触したさまざまのひとびととの交友関係は、シカゴにおけるデューイの成長にとって、もっとも重要なものであった。のちにアメリカに一般に行なわれるようになった進歩主義の教育運動は、このデューイの実験学校のこころみにあつまったひとびとによってはじめられたといってよいものである。

三人の女性

シカゴに、エラ＝フラッグ＝ヤングという女性がいた。彼女は教師としての経験も十分にもち、女性ではじめてシカゴの学校組織の監督官となり、また、国民教育協会の総裁となった最初の女性であった。彼女は、権力による上からの学校管理には、たえず、反抗しなければならない、という考えをもっていた。彼女と知りあいになったことは、じっさいの学校管理について考慮する面でよわかったデューイの教育理論をおぎなうにも有効であった。すなわち、デューイは、このヤング女史やかれ自身の妻の影響のもとに、学校における民主主義とか、ひいては、生活における民主主義、という考えかたをはっきりしたものにすることができたのである。デューイは、つねにそうであったが、書斎における哲学書の勉強よりも、世のなかに真剣に生きているさまざまのひとびととの友情あるつきあいをとおして、たえず人間的滋養分を吸収することのほうが多かった。

もうひとつ、デューイが大学教授としてよりは、むしろ一市民としてシカゴにすんだという理由で経験したことは、ハル・ハウスという社会事業団のことである。ハル・ハウスは、チャールズ＝ハルによってシカゴに設立されたもので、貧困なひとびとの必要をみたすことに奉仕し、かれらの生活状態の改良についての公けの関心をたかめることを目的とするもので、多くの社会事業奉仕家がここで活動していた。デューイ夫妻はここを訪問する常連であって、ここではたらくひとびと、とくにミス＝ジェーン＝アダムズとあたたかい

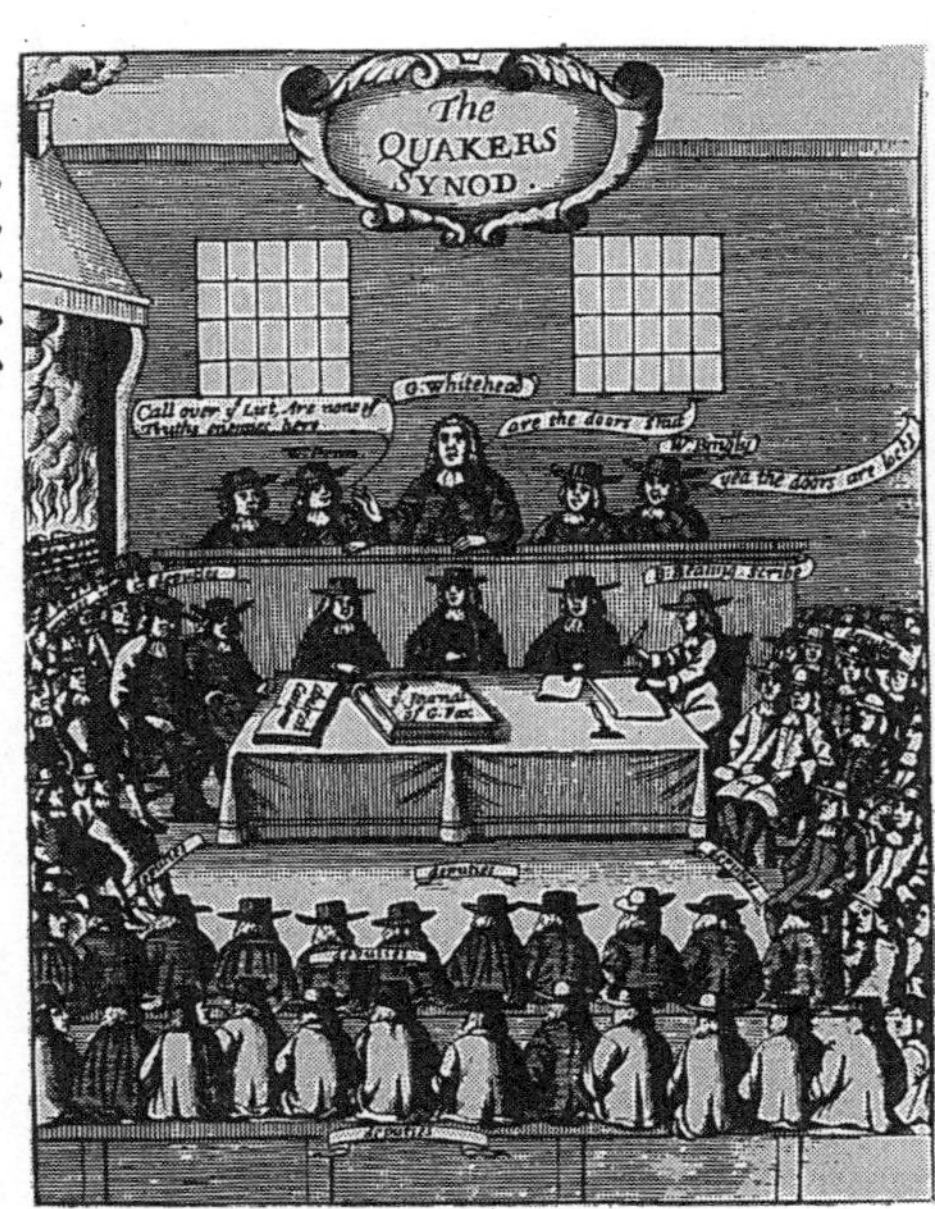

Yearly Meeting of Quakers, 1696
クェーカー教徒の年1回の例会

友情をむすんだ。

ミス=アダムズの信念のひとつは、ハル・ハウスをつうじてつくられる心のつながりは、ハウスのまわりにいる貧しい住民にとってばかりでなく、経済的、文化的に、いっそうめぐまれたひとびとにとっても、非常に大きな意味がある、ということであった。彼女にとって問題なのは、かねもちがハル・ハウスをつうじて貧乏人の生活を知るということにあったのではなく、いかにしてかねもちが貧乏人と共に生きるかということを学ぶことにあった。のちにこの社会事業団を法人組織にすることが必要になったとき、デューイはその受託人となった。民主主義こそが教育の真の指導的な力であるというデューイの信念は、ハル・ハウスとジェーン=アダムズのおかげで、よりするどく、よりふかい意味をになうようになった。

のちに、デューイがシカゴをはなれて、ニューヨークにうつってからも、かれらのしたしい交友関係はきれなかった。第一次世界戦争のとき、クェーカー教徒であったジェーン＝アダムズは、その絶対平和主義をつらぬいてアメリカの参戦に断固反対した。それに対してデューイは、アメリカの参戦はたしかに害悪であるが、しかし、アメリカが参戦しないためにおこる害悪よりは小さいという理由・戦争参加を支持したのであった。こうした戦争に対する態度の相違はふたりをくるしめ、あいだがらがまずくなったが、戦後はふたたびあたたかい友情を回復している。一九二九年の、ニューヨークにおけるデューイの七十回めの誕生日には、アダムズもスピーチをやっているし、デューイは、もっとあとになってから、ハル・ハウスの記念祭においても、また、アダムズの死後、彼女を記念して行なわれた集会においても、スピーチをやって彼女をたたえている。

デューイは婦人の活動の自由をひろげるためなら、すべての運動に対して熱心に支持をあたえたが、この熱心さは、かれの妻のアリスと、エラ＝フラッグ＝ヤング女史と、ジェーン＝アダムズ女史と、この三人のすぐれた女性の性格と知性とを知ったことに原因がある、とデューイみずからかたっている。

四十にして惑わず

シカゴ滞在中は、デューイ家のひとびとは、夏は、アディロンダック山系にこもってすごすのがつねであった。この山脈中のハリケーン山のふもとは有名な避暑地で、デューイもここに別荘小屋をたてたが、ここへは、エール、コロンビア、スミス、ミシガン、シカゴなどの各大学の学者たちも数多く避暑にくるのだった。ウィリアム＝ジェームズも、ほとんど毎夏、数日間ハリケー

Postkarte

Monsieur Henry Adams
23 Avenue du Bois de Boulogne
Paris
France

A Postcard from James to Henry Adams

ウィリアム=ジェームズ（右）とウィリアム=ジェームズからヘンリー=アダムズへのハガキ（左）

ンをたずねたので、デューイはここではじめて、著書『心理学原理』をつうじてかれの思想にふかい影響をあたえた高名の学者と、個人的に知りあいになったのである。ここに、パースを中心としてできた形而上学クラブのプラグマティズム運動は、そのクラブの重要メンバーであったジェームズから、わがジョン=デューイに、直接につたえられることになったといってもよい。

　数年のあいだ、冬の学期には、デューイは、「心理学的倫理学」「倫理学の論理学」「社会倫理学」の講義をした。これらの講義の題目をみてもわかるように、かれの関心の中心は道徳の問題にあったが、それを心理学の立場で基礎づけ、衝動、習慣、欲望、情緒、観念といったような心理学上の概念で道徳というものを説明しようとした。なおまた、人間の道徳的行為の目的、道徳的価値を判定する基準、道徳の原理および義務などの概念を明確にするとともに、道徳をたんに個人の心理の問題としてではなく、社会的なものとしてとりあつかった。これらの研究が整理され、まとめられて、のちに、『人間性と行為』(一九二二)という著書として発表されることになる。

シカゴ大学創設十周年祭をいわって、全教室を代表する一連の論文集が、シカゴ大学出版部から公刊された。哲学の教官や研究員によってつくられた『論理学理論研究』(一九〇三)もその一部であるが、デューイはこれに「思考とその題材」という三部からなる論文をよせている。この本は、ウィリアム=ジェームズによってほめられなかったら、ほとんどうずもれてしまったにちがいないものであったが、デューイのみぎの論文は、かれが完全にヘーゲルの影響から足をあらい、人間の反省的思考の能力である知性を問題解決のための道具とみなす、かれ独自の学問の立場を確立したことをしめすものであった。

これにともなって、かれの教育理論もまた、実験学校の体験をつうじて整備された。『民主主義と教育』(一九一六)は、デューイがコロンビア大学にうつってからまもなくかかれたものであるが、これは、かれのシカゴにおける経験の直接の成果であることはいうまでもない。かれはそのなかで、哲学そのものは教育についての一般的理論にほかならない、という見解をのべ、教育とは、社会を構成する個人個人が、情緒、知性、行動のありかたを形成するのにやくだつすべての要因をふくむもので、きわめてひろい概念であるといっている。アン・アーバーにおいて独創的な哲学への道を模索しはじめたデューイは、シカゴにおいて、ついに、実験学校における教育実験をつうじて、かれの知性論、道徳論、教育論を独自なものとして形成するにいたった。かれがシカゴをさったのは四十四歳のときである。四十にして惑わず、という孔子の言葉が独自の思想を確立することを意味するものとすれば、デューイの場合にもそれはあてはまるようである。

総長との不和と辞任

シカゴにあったひとつの師範学校が、その経営者の病気のために存続があやぶまれたので、この師範学校は一九〇一年に、シカゴ大学に合併されることになった。ところが、デューイが短期間の講義をよそでやるために大学をはなれているあいだに、総長は、デューイの実験学校を、みぎの師範学校に付属していた実習学校と統合することにしてしまった。デューイの実験学校および哲学・心理学・教育学教室は、大学および師範学校の哲学や教育心理学の教師以外のものは養成しなかったから、ふつうの師範学校やその付属の実習学校とは性格をことにしていたのである。したがって、この統合は、実験学校の本来の使命をまったく無視した不都合なものであるとデューイにはおもわれた。

総長がごういんに統合した結果は、デューイの実験学校においてなされてきたようなタイプの研究を維持することに対しても、また、基金の不足からくる困難とたたかって献身的にサービスをしてきた先生たちに対しても、大学当局はなんの考慮をもはらってはくれなかったということである。師範学校側の理事会は、デューイがこの統合についてなんの相談をもうけなかったことを知ったときには、調停役をかってでたし、また、実験学校に財政的援助をしてきた子どもたちの両親および教師たちは、おそらく、この国における最初の活動的な、「父母と教師の会」(PTA)を組織して、学校の実質的廃止に反対・抗議し、その継続を保証するための基金の募集をした。全国の教育者たちは、大学の管理者にむかって手紙をかいてPTAを支持した。しかし、結局、総長の計画は実現され、デューイを長とする師範学校のもとにふたつの学校は統合された。だが総長の態度はこの学校に対してまったくつめたく、かつ敵意さえしめすにいたったので、デューイは、ついに、一九〇四年に、シカゴ大学を辞職してしまうのである。

辞職したとき、デューイはなんの地位につくあてもなかった。やめる決心をしたとき、かれは、ウィリアム＝ジェームズと、デューイのふるい友人で当時コロンビア大学で哲学・心理学教室の教授をしていたJ＝マッキーン＝キャッテルに手紙をかいて、このことを知らせてやった。キャッテルの助力によって、デューイはコロンビア大学に職をえることができた。そして、月給が多くなるように、教員養成部における週二時間の授業をもつようにてはずをととのえてくれたのである。

旅行と悲しみ

デューイの一家は、コロンビア大学への就職がしっかりきまるまでのあいだ、ヨーロッパへ旅行することにした。シカゴでも、また、三人の子どもが生まれていた。ゴルドン＝チップマン、ルーシー＝アリス、それに、ジェーン＝メアリである。さきのふたりは母の名をひとつずつもらっているし、最後のひとりは、ジェーン＝アダムズと、彼女の親友のメアリ＝スミスの名をもらっている。デューイ夫妻は全部で五人の子どもをつれて旅行にでかけたのであるが、このたびの旅行でもまたかなしい事故がおこってしまった。カナダのモントリオールからイギリスのリバプールへむかう船中で、ゴルドンがチフスにかかったのである。リバプールの病院で、生死の境をさまよった重病がややもちなおし、回復したようにみえたが、いそいで旅をつづけたのが無理であった。アイルランドへいく途中にぶりかえして、ゴルドンはついに不帰の客とならなければならなかった。ゴルドンはそのとき、わずかに八歳であった。

一家のかなしみはふかかった。しかしそれにもかかわらずデューイ夫人はうまれつきの勇気をもってたちなおり、ほかの子どもたちをヨーロッパへつれていってしっかり外国語を学ばせた。デューイはコロンビア大学教授に就任するために、秋には、ひとりニューヨークにかえっていたが、翌一九〇五年の七月、夏の休暇にはいってから、イタリアのベニスで家族とおちあった。かれらは、イタリーに滞在しているあいだに、イタリア人のサビノという少年を養子にした。サビノの底ぬけの陽気さ、ひどい病気になってもくじけない気丈夫さ、その元気さ、だれとでも友だちになれる性質、これらの美点をもったサビノは、ゴルドンをうしなってかなしみにとらわれたデューイの家族にあかるいなぐさめをもたらした。サビノは、この家族の一員として、いつまでも、みんなから愛された。このサビノが、小学校教育において、デューイ夫妻がやろうとしたしごとをうけついだということは、大変興味のあることである。かれは進歩主義学校の教師として、また、工作や科学の実験のための教育用具のデザイナーおよび製作家としてはたらいたのである。

一番とし上の娘のエブリンは、いくつかの学校をじっさいに視察してまわったあとで、父といっしょのしごととして、『明日の学校』(一九一五)をかき、さらに、田舎の学校教育についてとりあつかった、『ふるきもののためのあたらしい学校』をかいた。彼女は、しばらくのあいだ、教育実験局に関係して、教育テストの方法と、テスト結果の統計公式の算定方法の研究に従事したこともある。のちにはまた、彼女は、幼児の発達のプロセスについて研究し、その完全な報告書を出版している。このように、デューイの教育理論の原理面は、主として、長女のエブリンにつたえられたといってよい。そして、サビノは、応用面においてすぐれた才能を発揮したのである。

書斎から街頭へ

――コロンビア時代――

コロンビアの学風

デューイは、コロンビア大学では、あたらしい実在論の傾向のつよい哲学的雰囲気のなかにいる自分をみいだした。フレデリック＝ウッドブリッジという、徹底的に古典的なアリストテレス学者が中心となって、自然主義的な形而上学が、コロンビアでは主流をしめていたのである。デューイはこのウッドブリッジと接触することによって、形而上学でありながら、なおかつ、経験的に検証できない諸原理にもとづくことをみとめないタイプのもの、いいかえれば、自然主義の原理と矛盾しない形而上学の理論が可能であることと、それもまたひとつの価値をもつものであることを知るようになった。つまり、人間は自然と密着したところで、さまざまの経験をし、そこから知識をえていくのであるが、自然そのものは、人間にとって、けっしてはじめから透明なものではなく、経験の世界にのってこない自然の要素がいくらでもある。すなわち、未知の自然がある。この未知の自然があるということは、現在はまだ経験されないからという理由で、否定することはできない。将来の人間の経験によって検証されるべき自然というものの存在を仮定することはゆるされるし、また、これがあるからこそ、人間の自然探究の努力も意義あるものとなる。いわば、デューイの経験主義が、現在中心のものから、未来をもふくめた、ひろい経験を考えるものになってきたのである。ウッドブリッジとの接触の結果は、『経験と自然』（一九二五）というかたちをとってあらわれることになる。

コロンビアでは、まだ、デューイの哲学はよく知られていなかった。授業をやるのにも、コロンビアのあたらしい哲学的雰囲気をひしひしと感じとったデューイは、すべてのかれの哲学的な考えかたを再検討しなければならなかった。『経験と自然』『哲学の改造』（一九二〇）『確実性の探究』（一九二九）などに、この再検討の成果がみられる。これらの著作をもふくめて、かれがニューヨークにきてから出版した書物は、ほとんどすべて、いろいろの学術基金を利用した講演をもとにしてまとめられたものである。『ドイツ哲学と政治』（一九一五）『人間性と行為』（一九二二）『公衆とその問題』（一九二七）『経験としての芸術』（一九三四）『自由主義と社会的行為』（一九三五）なども、みな、しかりである。さらに、哲学のいろいろの雑誌、とくに、コロンビア大学で編集発行された『ジャーナル・オブ・フィロソフィー』への莫大の量にのぼる寄稿は、ここ数年来のかれの哲学の立場をよくしめしている。

かれの授業には学生はよく出席した。しかし、講義を熱心にきいているものはあまり多くなかった。かれは有名だったが、その講義は学生にとってはそれほどおもしろくなかったからである。デューイは学生の顔を直接にみないで、天井をむいて講義をした。そして、よく横道へそれて、こまかいことをくどいほどにはなし、突然、予告なしに本題にもどってくるので、ノートをとることは非常にむずかしかった。しかし、熱心な学生が丹念にとったノートは、あとからよんでみると、じつにすばらしい内容をもつものであった。

多彩なつきあい

学問上および生活上の個人的なつきあいも、大いにはばをひろげた。現代物理学の理論についての知識を基礎にして、一元論的実在論をとなえたモンターギュ。デューイとおたがいに批判しあい、影響しあったラブジョイ、トーニー、シェルドンなど。さらに、学生がだんだんとコロンビアの教授陣にくわわったり、ちかくの研究所につとめるようになってからは、ブッシュ、シュナイダー、ランドール、エドマン、キルパトリック、グッドセル、チャイルズ、イーストマン、フック、ラトナーたち。これらの多勢の大御所や新進の学者が、デューイのまわりに群雄のごとくにあつまっていた。

そのうちのひとり、シュナイダーはデューイ生誕百年祭のあつまりで、おもいでばなしとしてかたっている。シュナイダーがはじめて、ルソーについての論文をデューイに提出したとき、デューイはしばらくのあいだ、シュナイダーをそこにまたせたまま、論文をよみはじめた。それから、ちょっと、眼を窓のそとにやり、おもむろにいった。「そう、ぼくはこの問題についてはきみのようには考えてみたことはなかった。なかなかよい考えだよ」と。シュナイダーは、もちろん、得意であった。それからのち、シュナイダーがデューイと机をならべてしごとをするようになったとき、かれにわかったことは、デューイは、論文をだすどの学生にも、シュナイダーにいったのとおなじことをくちにするということであった。これは、デューイが学生をかるがるしく批評しているということではなく、デューイの学生に対するおもいやりのひろさをしめすものだ、とシュナイダーは回想している。

一九一五年ごろ、ペンシルベニアのメリオンのアルバート＝C＝バーンズ博士がデューイのセミナーにでるようになった。それは、かれが個人的に研究した結論が、デューイの『民主主義と教育』にあらわれている考えかたとよくにているので、デューイの授業にでてみたくなったのである。このセミナーでかれらふたりの友情がつよくむすばれた。バーンズは科学者であり、熱心な研究者であったが、現代絵画の類のないコレクションでよく知られていた。かれは自分のコレクションが、芸術でなければ達成しえないような教育目的のためにつかわれることをねがい、また、かれ自身芸術教育の方法に関心をいだいていた。かれは、芸術作品や芸術的経験を、よりふかく評価することによって、人間がものごとを識別する観察力を、よりよく発展させることができると考えていた。バーンズ財団との接触は、それまでは、むしろ、まとまりをもっていなかったデューイの芸術観に、一定の哲学的な形式をあたえることになった。バーンズは『絵画における芸術』をデューイにささげ、デューイは『経験としての芸術』をバーンズにささげた。これらの二冊の本は、かれらの知的な共同研究を証拠だてるものである。

デューイはバーンズのおかげで、絵画について勉強する興味をもつようになったが、詩についても関心をもち、いくらかは、自分でもつくったことがあるらしい。文学や小説もすきであった。ところが、音楽にかんしては、からきし、音痴であったらしく、音楽をきいてたのしむということは、ほとんど、なかったようである。

ニューヨーク市に、十二人から十八人ぐらいのメンバーからなる哲学クラブがあった。会員はニューヨークの諸大学や、エール大学、ペンシルベニア大学などの学者で、月一回の研究会をもった。率直な相互批判にあらわれる、さまざまの哲学的見解をまとめていくには、このぐらいの大きさのグループがせいぜいであった。この会合にでたデューイは、いつも、おなじ誠実さと知的能力をもつひとびとによっていだかれる、広汎（こうはん）にして多彩（たさい）な見解がありうることに対して、眼をみひらくことができた。ただひとつの絶対的真理しかないというかたくなな思想は、ついに、デューイにとっては無縁なものであった。

政治と社会への関心

デューイは、ニューヨークにきてから、いろいろの政治問題に、とくに、つよい関心をもつようになった。このことは、コロンビア時代においては、社会哲学をかれの哲学の前面におしだすことになった。かれは、アン・アーバーにいるころから、政治哲学の講義をやりはじめていた。これらの講義においては、かれは、主として歴史的見地から、自然権、功利主義、イギリス法律学派および理想主義法律学派のことを論じた。統治権の問題、法的および政治的権利・義務の性質、ホッブス・ロック・ルソーの政治思想などが哲学教室の授業で討議されたということは特筆大書されるべきことである。アン・アーバー時代のデューイの社会思想は、『民主主義の倫理』（一八八八）にあらわれているが、これは、政治上の民主主義を個人主義的多数決原理によって解釈することと、道徳をあくまで、「自由・平等・友愛」によって解釈することとを、むすびつけようとしている。かれは、政治上の民主主義は、経済上および産業上の民主主義なしには不可能である、という信念をもっていた。

しばらくのあいだ、デューイの政治哲学は、かれの論理的な専門哲学の関心とは別個の線上に発展してきた。しかし、哲学の正しさが証明されるのは、それが社会という生きた舞台に応用されて、どのような結果をもたらすかということによってである、という信念をもっていたデューイのような学者の場合には、このふたつの線がいつかは融合されるのは当然である。この融合は、シカゴとコロンビアにおいてなされた社会哲学と政治哲学の講義によって促進させられた。

わかいころ、デューイは、アメリカの民主主義は正常に発展することによって、ほどなく、経済的分野における不正義がなくなり、すべての人間が平等に社会的富を享受することができるようになるであろうという、当時一般にもたれていた信仰を共有していた。こうした、民主主義の正常な発展をねがい、経済的不正義をなくすことへの期待から、かれは、一八九六年の大統領選挙のときには、民主党のウィリアム＝ジェニングズ＝ブライアンを支持した。九三年以来、アメリカは経済恐慌のもとに、農民および下層労働者の生活は困窮していた。かれらの負債を軽減するために、ブライアンは金銀貨の自由鋳造を提唱した。かれは、「勤労大衆には茨の冠をかぶせるべきではなく、金の十字架につけるべきではない」とさけび、さらに、自分こそ、労働と生産に従事する人民大衆、農民、牧畜者、森林労働者、鉱山労働者を代表するものであると宣言した。デューイがブライアンを支持したのは、かれの政策が反帝国主義的な性格をもっていたからでもあるが、しかし、それにもまして、ブライアンの人民運動のなかに、民主主義のリバイバルの徴候をみてとったからであった。

このとしの選挙は、アメリカ全土を大きな興奮にまきこんだ。共和党の候補者はウィリアム＝マッキンレーであった。共和党は民主党を、突然に危険な革命的攻撃をこころみるものと非難し、ブライアンを、無政府主義者、革命家、暴漢にあやつられるもの、とののしった。選挙の結果は、七七〇万票対六五〇万票で、マッキンレーの勝利におわった。

実践運動

デューイがシカゴにすんでいた頃には、シカゴの町にはまだフロンティアの気風がのこっていて、都市生活は未熟で洗練されてはいなかったが、民主主義がもつはっきりとした使命に対する、西部特有の信頼感が生き生きとしていた。ところが、ニューヨークでは、資本主義の横暴が眼につき、これが政治に干渉することによって金権政治の害悪が民主主義の理想をだいなしにしてしまうのではないかとおもわれた。一九〇一年から一九〇九年までの大統領セオドール＝ルーズベルトは共和党の出身であったが、その任期中に、株式会社の統制や、進歩的な税制・労働政策などを行なったために、共和党から排撃され、つぎの選挙では共和党の大統領指名をウィリアム＝タフトにうばわれた。そこで、一九一二年の選挙にさいして、ルーズベルトは、独占金融資本の制約をのがれるために、共和党を離脱して革新党を組織してたたかった。これを、「ブル・ムーズ・キャンペーン」という。デューイは、ルーズベルトの帝国主義的傾向は支持しなかったけれども、この革新党がかかげた、直接民主政治のさまざまのかたちの採用、婦人参政権、社会立法をみとめない裁判所の判決をリコールする権利、そのほかの進歩的内容をしめす政策に賛成して、このキャンペーンを支持した。しかし共和党支持票が現職大統領タフトとルーズベルトにわれたために、デューイの支持もみのらずに民主党の候補者であったプリンストン大学総長で政治学者であるウッドロウ＝ウィルソンが大統領に当選した。

デューイは、進歩的ないくつかの民主主義運動と関係をもった。たとえば、ワシントンにおいて、精力的な書記長ベン＝C＝マーシュによって指導された「人民院外団(ピープルズ・ロビー)」の初代総裁をつとめたし、さらに、数年のあいだ、「独立政治行動連盟」の議長をもつとめた。シュナイダーのいうところによると、デューイはこの「人民院外団」をひとつの非常に重要な意味をもつ政治的な実験として弁護した。そして、この運動に大きな成果を期待したのである。かれがじっさいにこの運動にとびこんだのは、書記長マーシュとの個人的なつきあいの関係からであったということである。

デューイはまた、ニューヨークにおける最初の教員組合の創立メンバーのひとりであったが、この組合が教育目的のためよりは、むしろ、特殊な政治的意見をおしすすめるために利用されるようになったとき、それを遺憾(いかん)として脱会した。この教員組合のモットーは、「民主主義のための教育と教育における民主主義」というのであったが、これはあきらかに、デューイの著作からとられた言葉である。大学の教授としては、かれは、友人のキャッテルおよびラブジョイとともに、「アメリカ大学教授連合」をつくり、その初代の総裁としてはたらいた。

このように、コロンビア大学の教授をつづける一方で、各方面の進歩的な社会運動に、異常な関心をしめしたデューイは、いろいろの実践行動に参加するとともに、講演、執筆、ラジオ放送と、せわしくとびまわった。かれはニューヨークで行なわれた婦人参政権運動の街頭行進にもくわわったりするなど、婦人参政権運動に対しては、イギリスのバートランド=ラッセルなどよりは、はるかにつよい熱意をしめしたものである。しかし、なかなかユーモラスな逸話もつたえられている。一九〇五年にアメリカに結成された「世界産業労働者組合」という、政治的意図をもって、ストライキやサボタージュを行なう組織があった。あるとき、デューイはこの組合の集会ではなしをするようにもとめられていった。かれは、どう感ちがいしたのか、夜会服をきて会場にあらわれたが、どうも様子がおかしいと気がついて、オーバーをきたままにしていた。ところが、オーバーのポケットからは、紙につつんだビーフステーキが顔をだしているのだった。きっと、どこかでかれがたべかけて、そのまま、もってきたにちがいないのであった。

日本訪問

デューイの海外旅行は、かれの政治的・社会的見解の進化にとって、決定的な役割をはたした。いくたびかの海外旅行のうちでも、もっとも影響力の大きかったのは、日本と中国への旅であった。

デューイがアン・アーバーのミシガン大学で講義していた頃に、日本からの留学生で、経済学を勉強するために同大学にいっていた小野英二郎氏がいた。小野氏はのちに日本へかえってから金融業界で重要な地位をしめた。デューイがコロンビア大学にうつってからのちに、しごとの関係で小野氏がニューヨークをおとずれたことから、両者のあいだの旧交があたためられた。小野氏は、実業界の大立物の渋沢栄一氏や東京大学の姉崎正治、桑木厳翼の両教授とともに、デューイの訪日と、日本での講義が実現するようにほねをおって世話した。一九一八年から一九一九年のはじめにかけての冬の学期の半分を、デューイは、カリフォルニア大学で講義をし、それから夫人同伴で日本へやってきた。

東京では、デューイ夫妻は、日本の代表的クリスチャン、新渡戸稲造博士の家に滞在した。新渡戸夫人はアメリカのクェーカー教徒の出身であったから、デューイ夫妻と、思想的にも、比較的ちかかったわけである。新渡戸邸の二か月間は、大学関係のひとびとはもちろん、日本の自由主義的な教養あるひとびととしたしくつきあうことができた。日本ではしかし、デューイの哲学思想は、国権意識のつよい帝国大学を中心とした官学の学者たちには、そっぽをむかれた。むしろ、デューイの主張するような、民主主義と密着したプラグマティズムの哲学は、デューイのシカゴ時代にそのもとでまなんで帰国し、早稲田大学で哲学を講じながら、社会評論家として活躍をした田中王堂を創始者とする、いわゆる「早稲田学派」によって、もっとも熱心に受容されたのである。田中氏の共同研究者でもあり、また後継者でもある哲学者の帆足理一郎、政治

新渡戸稲造

学者の杉森孝次郎の両教授がその代表者である。帆足氏はデューイの講演をじっさいに聴講したひとりとして、大正デモクラシー期の日本の自由主義の先頭にたって論陣をはった。民間の教育者にも、いくたりか、デューイの哲学や教育理論に賛成し、理論的に、あるいは、実践的に、日本の形式ばった国家主義教育に対決するものもあった。成城学園の創始者の沢柳政太郎と、そのもとで教育雑誌をだした永野芳夫の両博士などがそれである。

いずれにせよ、デューイが訪日したころは、第一次世界戦争における連合国側の勝利によって、日本の自由主義運動は、相当つよいたかまりをみせていた。とにかく、デューイが「民主主義」について講義をするために、日本に招待されることが可能であったほど、当時の日本にはデモクラシーの風潮が陽のめをみていた。このことは、第二次世界戦争後の今日からみればあたりまえのことであるかもしれない。しかし、当時でも、「民主主義」という言葉さえ使用できずに、「民本主義」という訳語が流行したぐらいに、国家主義的なしめつけがつよかったのである。だからデューイは日本でえた感想をアメリカにおくって、ある雑誌に「日本における自由主義」と題する論文をはじめとして、いくつかの文章を発表しているが、そこでは、日本の西洋文明のうけいれかたの特殊性、中産階級が急速にプロレタリア化していく傾向、アングロサクソン諸国、ことに、アメリカの対日政策のあやまり、日本の天皇制、以上の四つがあるかぎり、日本に自由主義はそだちにくい、というように分析している。いずれにせよ、デューイの眼には、日本の思想がふかくドイツ思想とむすびつき、また、もっとも有能なわかものたちが軍隊にはいる傾向が、当時においてさえ、きわめて顕著（けんちょ）であったことが異様にうつったのであった。これらのことは、かれには危険な傾向におもわれたのである。

デューイの八回にわたる連続講義は、のちに、『哲学の改造』と題して出版された。この本は、第二次世界戦争の終了後、かなりながい序文をつけて再版されたが、その序文で、デューイは、哲学の改造の急務であることは第一次世界戦争の直後以上に増大している、とのべている。書斎から街頭にでたデューイにとっては、伝統的な哲学のありかたに対する反省がつねにあたまのうちにつきまとってはなれなかった。またその半面、大正デモクラシー時代の日本を眼前にしてデューイが行なった講演は、日本社会そのものの改造の方向をしめしたものにほかならない。かれは、日本の自由主義者たちに、改造の理論的視点を提供しておいて、おとなりの中国へとわたったのである。

五・四運動の渦中で

デューイ夫妻は日本にいるあいだに、むかしの教えごを中心とした中国のひとたちの訪問をうけた。のちの北京（ペキン）大学の総長で当時雑誌『新教育』の編集者であった同大学の教授蔣夢麟（ショウムリン）もきた。かれらはあたらしく組織された中国協会の後援のもとに、中国で講義をするようにデューイを招待した。デューイはコロンビア大学から休暇延長の許可をとってから、中国にむけて出発した。ここに、デューイ夫妻の二年間にわたる中国講演旅行がはじまった。

デューイは一九一九年五月から一九二一年七月まで中国に滞在した。かれらが上陸したのは、中国において、北京の学生、学者、文化人を先頭とする排日運動が勃発しているさなかであった。それは、第一次世界戦争後、日本を中心とする先進列強の対中国帝国主義侵略に反対する中国人民の民族主義的な政治運動であり、同時にそれは、中国伝統の思想・文化の近代化による、あたらしい中国の建設をあわせて目標にかかげた。北京大学の教授、陳独秀、李大釗、胡適らは、雑誌『新青年』によって、新文化・新思想の運動をおしすすめ、青年・学生にさかんに影響をあたえていた。ときの親日派の段祺瑞政府はこれらの文化人を弾圧した。これに抗議をするとともに、一九一五年に日本が中国の袁世凱政府に強要して、多くの利権を承認させた二十一か条条約に反対する国民大会が、北京の学生を主力として五月一日にひらかれた。政府はこの大会を弾圧して、多くの学生を逮捕した。この情報をうけとった蔣夢麟は、デューイ夫妻を案内して漢口にいたが、いそいで北京へかえらなければならなかった。一方、なかまの大量逮捕に憤激した学生らは、五月の四日に、親日派の要人をおそい、示威運動を行なって、ベルサイユ条約反対と排日を要求した。これに呼応して、中国各地でストライキや日本の品物を排斥する運動がおこった。ここに、いわゆる五・四運動がスタートしたのである。

五・四運動は、たんなる排日運動から、反侵略・反帝国主義の運動、封建的軍閥を打倒する運動へと発展し、しかも、はじめから、新文化運動という思想革命をめざす意味をもっていた。これは、中国のひとびとが、近代的な独立民族としての自覚にもえ、政治、経済、文化、思想の上での自由と独立を要求してたたかったものであり、近代中国史の重要な転換点となるものである。デューイ夫妻は、中国訪問のはじめから、中国における学生と教師の社会的な力をみせつけられた。そして、非政治的な場所においつめられている公衆が、最後には大きな意見の力をもつものであることを眼のまえにみた。というのは、政府が学生を釈放しようともうしでたとき、公衆の同情を背景にした学生たちは、政府が正式の釈明をするまでは、あえてたちさろうとはしなかったほどであったからである。

デューイ夫妻の案内をしたのは、主として胡適であった。胡適はコロンビア大学で学位をとり、デューイの授業にも出席し、プラグマティズム哲学の指導をうけた。中国にかえってからは、文学改革運動に指導的役割をはたした。それは、古典漢字のかわりに口語をおきかえる運動であり、「白話(はくわ)運動」とよばれた。この運動は、その創始者である胡適自身をびっくりさせるほどひろまり、小学校の教科書も口語で印刷されるようになって、小学教育だけしかうけられないような大衆のあいだに、近代的なものの考えかたをおしひろげていくのにやくにたった。日本でもよくよまれている魯迅(ロジン)の文学は、この運動とのつながりにおいてみのってきたものである。

胡　適

中国への愛情

北京大学、南京(ナンキン)大学で講義をしたほかに、デューイ夫妻は、北は奉天(ホウテン)から南は広東(カントン)までの太平洋岸のほとんどすべての都市をたずね、内陸のいくつかの都市をおとずれた。かれの講義には、学生や教師ばかりでなく、多くの知識階級のひとびとがききにきた。たいていの場合、講義内容は速記されて、地方新聞に全文が紹介されたり、パンフレットにして広範囲にくばられた。デューイ夫人も講演をした。彼女は南京大学の名誉女子部長におされた。この当時の中国では、まさに男女共学がはじまっていて、大学には女子部がもうけられていたのである。夏の学期には、デューイ夫妻は、南京大学にいたが、女子が男子とおなじ資格で授業にでることがみとめられていた。中国の教育における婦人解放運動に対するデューイ夫人の激励は非常に大きな力となったのである。

デューイ夫妻は中国に特別な賛助のもとに講師としてよばれた最初のひとであって、中国における民主的な民族意識が急速にひろまりつつあった時代に、あたたかい歓迎をうけ、中国人の、国内問題、国際問題に対する見解を十分に知ることができたのである。中国に対して、デューイがどのような感動をあたえたかは別として、かれが中国に滞在したということは、いつまでも持続するふかい影響をかれにあたえた。それは、日本の場合とはくらべものにならないほどつよいものであった。かれはつきあった学者たちばかりでなく、中国の民衆全体に対して、心からの愛情と称賛をおしまなかった。中国は、かれ自身の母国アメリカについで、かれの心にちかい国として、いつまでも、とどまった。「新世界」アメリカをはなれて、世界でもっともふるい文化をもち、しかも、あたらしい状勢に適応するためにたたかっている「旧世界」中国にうつりすんでみたことは、かれを知的に熱狂させずにはおかなかった。中国は、進歩の手段としての社会教育がもつ価値の生きた証拠を提供したのである。

中国からアメリカにかえったデューイは、さらに、一九二四年にはトルコ、一九二六年にはメキシコと、それぞれの国の教育事情を視察している。これらの視察もまた、中国における経験を、いっそう確信できるものにするのにやくにたった。すなわち、教育というものが、個人の幸福にとって革命的な変化を確保してくれる力をもつものであること、したがって、国民文化のたんなる外形をかえるだけではなく、国民精神の内部までもかえる力をもつものであることがいよいよかたく信じられるようになった。

一九二四年の大統領選挙のとき、共和、民主というふるい二大政党にあいそをつかした両党の進歩的分子は、ウィスコンシン州選出の上院議員ロバート＝M＝ラフォレットをかついで第三党たる進歩党を組織し、労働者・農民の代表をひょうぼうして、民主党のジョン＝W＝デービス（ウォール街モルガン商会顧問弁護士）、共和党のカルヴィン＝クーリッジ（現大統領）をむこうにまわしてたたかった。デューイは、もちろん、ラフォレットを支持した。しかし、結果は、クーリッジの当選におわった。

ここでひとつ、かなしい事実をかたらなければならない。それは、デューイの夫人、アリス＝チップマンが、一九二七年の七月十四日に病死したことである。アン・アーバーで結婚してから満四十一年、デューイの哲学に対して多大の人格的影響をあたえ、ともに海外に旅行してきた彼女の死は、デューイにとって、大きな悲痛事であった。かれの友人ホラース＝カレン博士のかたるところによれば、夫人の死後、デューイは服装もかわり、よくであるくようになった。夫人が生きていたあいだは、家庭的きずながきわめてつよく、デューイを家庭にひきとめておいたらしいのである。

ロシアへの共感

一九二八年に、デューイは、ロシア訪問教育視察団の一行にくわわって、革命後のロシアをおとずれた。ロシアでは滞在期間がみじかく、教育関係者にあっただけで、政治や経済の面についてふかくたずねてあるくことはできなかった。ほかの国ぐにの旅行をつうじてかれが経験したことは、どこの国でも、役人や政治家の説明には信頼がおけないということであった。これらのひとたちは、一国の事情を正直に説明する能力もないし、そういうことをねがいもしないからである。まして、当時のロシアのように、はげしい官僚統制をやっている場合はそうであった。しかし、この旅行で、デューイは著名ないくたりかのひとびとや教師や学生にあうことができた。

かれらは、革命の目的を確保するために、ひとつの明確な社会的ビジョンと集団的学習の方法は、教育にとって本質的なはたらきをするものであると確信していた。この確信にもとづいて、かれらはみなあたらしい、よりよい社会の建設のしごとに熱中していた。革命の政治的・経済的局面は個人個人の能力の解放にやくだつと信じていたかれらは、教育における政治的・経済的条件を重視した。このような真剣な雰囲気につつまれた社会は、アメリカの金権主義にわざわいされた社会とはことなる好い印象をデューイにあたえたので、かれはソビエト社会主義連邦に対する共感をしめすいくつかの論文をかいた。そのおかげで、保守系の新聞は、かれのことを、「共産主義者」とか「アカ」とかよぶしまつであった。

かれがロシアを訪問したころは、ロシアの学校でもすこし以前の革命直後のように、生徒が教師や教育当局に文句をつけるような「わがまま」はおさえられていたし、他方、のちになってからあらわれた、わずらわしい上からの統制もまだくわえられてはいなかった。学校のなかへ多くの政治宣伝がはいりこんできていたが、すぐれた学校では、個人の判断力をのばし、かつ、各人の自発的な協力への心がまえをそだてる、ということが行なわれていた。ところが、のちになると、上からの学校統制をきびしくし、学校を、共産主義という特定の目的を達成するための道具として使用することにむかって、高圧的な五か年計画が一九二八年の十月からはじまった。このことの報告をきいたとき、デューイは、ロシアの教育にふかい失望を感じないわけにはいかなかった。

デューイはやはり、根本的には、あくまで自由主義に立脚する民主主義の立場にいるのであって、ひとつの立場だけを固定させ、絶対化してしまうような社会理論にはくみすることができなかったし、まして、教育をそうした絶対的原理に従属させてしまうことには、どうしても、賛成できなかった。資本主義の社会の現状は、たしかに多くの矛盾をもっている。だから、これをなんらかの方法で改革していくことは絶対に必要である。ひとつの目標にむかって協力し努力していくことはうつくしいことである。また、自分たちが世界の民衆の幸福のために献身しているのだという確信をもちうることはすばらしいことである。それは目的なき自由放任の状態とはわけがちがうのである。しかし、そのしごとは、いろいろの実験をかさね、すこしでもよりよき手段・方法を適用していくという立場でなされるべきであって、ひとつの方法だけに固執するべきではない。ひとつの理論、ひとつの政党だけが、いつも絶対的に正しいということはありえない。これが、ロシア視察とそれ以後の情報からデューイがえた社会主義に対する評価のあらましなのである。

晩年

一九三〇年、デューイは満七十歳でコロンビア大学の教授を退官し同大学名誉教授になった。しかしかれの研究と著作活動、そしてこれらの理論を実地に検証する場面としての政治と経済に対するかれの関心と発言と行動とは、けっしておとろえをみせなかった。むしろ、かれの実践活動は、大学の教授という立場をはなれたおかげで、よりいっそう自由になったようにおもわれる。

ニュー・ディール

一九二九年十月二十九日、ニューヨーク市のウォール街に発生した株式恐慌は、たちまちのうちにアメリカ全土の経済界をゆるがし、金融・産業の大恐慌となった。民間購買力の低下、生産力の減退、失業者の増大、税金の徴収・強化などが悪循環をひきおこし、資本主義の内部矛盾が一度にあらわれ、アメリカ経済に依存していたヨーロッパ諸国も日本も、一大不景気にみまわれることになった。一九三二年の大統領選挙戦は、当然、この経済恐慌のきりぬけ策を最大の焦点としてあらそわれた。共和党の現職大統領ハーバート＝フーバーに対して、民主党は、ニューヨーク州知事のフランクリン＝D＝ルーズベルトを公認候補に指名した。選挙運動中は、民主党は工業、農業、労働運動などに対して全面的な政府の干渉をくわえたり、つよい統制経済政策をとるなどということはいわなかった。ただ、ルーズベルトを「進歩的」人物として宣伝し、うりだすのにつとめた。選挙の結果は一、五七〇万票対二、二八〇万票で、新顔ルーズベルトの勝利に帰した。おそらく、アメリカ国民の世論は、共和党の政治が恐慌をひきおこしたのであるから、民主党にその収拾策を期待するということであったであろう。もちろん、ルーズベルト自身は選挙戦において、農村対策、失業および貧困の救済策をいくつか提案した。デューイが、フーバーよりもルーズベルトを支持したことはいうまでもない。

一九三三年に大統領に就任したルーズベルトは、いわゆるニューーディール政策を採用した。その基本要目はつぎのとおりである。㈠銀行および通貨の統制――金本位制の廃止。㈡財政困難におちいった法人または個人に対する連邦政府の復興資金貸付け。㈢農民の救済――農産物の価格暴落をふせぐために農業調整法をつくり、生産と価格を調整する。㈣私企業の規制と奨励――全国産業復興法により、労働者の購買力をたかめ、公共事業へ投資する。㈤組織労働者が組合を組織し、経営者と団体協約をむすぶ権利をもつことを確認する。㈥社会保障――要扶養者、失業者、貧困者、老齢者の救済をはかる。この政策は着実な成功をしめし、アメリカ国民のルーズベルト支持を圧倒的なものにした。

デューイは、ルーズベルトの、一種の修正資本主義と、ある種の社会主義的政策の導入を歓迎し、支持した。デューイは、あまり、ラジオ放送はしなかったが、たまに講演放送をすると、きくものにふかい感銘をあたえる能力をもっていた。かれは、ニュー・ディールを支持し、激励する一連のラジオ講演をやったが、そのうちのひとつを、ＮＢＣのネットワークをつうじて行なったとき、テキサス州のある反動的な男がそれをきいて、放送局に投書をしてよこした。ジョン＝デューイはアメリカにおけるもっとも危険な人物のひとりだ、というのがそのいいぶんであった。この男は、デューイなどは、町の街燈柱にでもつるされればよいのだ、とさえ考えたということである。

つぎの一九三六年の大統領選挙のさい、ルーズベルトの地盤であったニューヨークの労働党が、その内部で、共産党との共同闘争のありかたをめぐって分裂し、あらたに自由党がうまれたとき、デューイはこの自由党に参加して名誉副総裁となり、反共ニューーディールの立場をあきらかにした。自由党がほかのどの政党よりも民衆の教育に熱心であるというのが、デューイがこれを援助した理由であった。

トロツキー査問委員会

一九三七年には、デューイはモスクワ裁判における、レオン＝トロツキー[1)]告発のための査問委員会のメンバーとしてトロツキーのかくれていたメキシコにいって査問するようにもとめられた。かれは、この頃は、晩年の主著である『論理学――探究の理論――』（一九三八）を執筆中であったが、このしごとを一時放棄して同委員会に参加した。かれがこれほどまでにして、この委員会の一員になることをひきうけたのは、あらゆる被告はその弁明を十分にきいてもらえる、というかれの信念によって

1) レーニンが一九二四年に死ぬと、スターリンとトロツキーのあいだに指導権争いが生じた。一国社会主義論のスターリンが、国際革命主義のトロツキーをやぶって最高指導者となり、一九二九年にはトロツキー派の大検挙を行ない、トロツキーを国外に追放した。トロツキーはメキシコに亡命し、一九四〇年に死んだ。

たのであるばかりでなく、個人的な理由として、このような社会的行為をつうじて、デューイ自身が自分の哲学もしくは教育理論を実践的に検証する絶好の機会だと考えたからである。このケースは、はげしい階級闘争と階級独裁という理論がロシアの現実に適用された結果おこってきたものなのであるが、はたして、現実に生じている諸事実は、これらの理論の正しいことを証明しているかどうか。これがデューイの関心事であった。

かれはただちに、モスクワ裁判のすべての公けの記録と、レーニンそのほかの革命の指導者たちのかいたものをよんで研究してみた。そして結論として、暴力革命と独裁の方法はその本来の性質上、すべての人間の自由と平等、搾取（さくしゅ）からの解放など、革命がもとめている目的を達成することができないということ、どんな立場の指導者が権力をにぎってもこのことにかわりはないこと、そして、これらのことはいまの場合、トロツキスト、スターリニストの両者によって例証されていること。こういったことがあきらかになったのである。かれ自身の言葉でいうなら、「共産主義とファシズムのどちらかの選択をもとめることは、ゲー・ペー・ウー（ソ連の旧国家警察）とゲシュタポ（ナチスの秘密警察）のどちらかを選択することである。」

デューイはメキシコにいった。そして被告トロツキーのいいぶんをきいた。このデューイのメキシコ訪問に同行したわかい評論家のジェームズ＝ファレルのいうところによると、デューイは、はじめは、スターリンのほうがトロツキーよりも正しいのではないかと考えていたようであるが、トロツキーが提出した証拠とデューイがよんだ裁判記録をあわせてみて、トロツキー一派の被告のほうが正しいのだという結論に到達した。しかし、デューイは、トロツキー一派の政治的見解そのものに賛成であったわけではない。

査問の結果は二冊の書物として公表されている。ひとつは、メキシコ市におけるトロツキーの家で行なわれた聴取の逐語的な報告であり、もうひとつは、両方の側のいいぶんを分析し、委員会の所見をのべたもので、これは、『無罪』（一九三八）という題をつけて出版された。左翼の文筆なかまでは、デューイはトロツキストあるいは反動としてつめたくあつかわれ、一方、保守派の新聞はデューイを自分たちのなかまとして歓迎した。しかし、デューイは自分の政治活動は、共産主義、ファシズム、保守主義のいずれによってなされたのでもなく、「アメリカニズム」への信仰からなされたのだといっている。ただし、この場合のアメリカニズムとは、強硬外交政策や経済的反動家の自由放任的財政産業政策とむすびつく以前の、あのわかわかしい自由主義――フロンティアの精神を意味するものである。デューイの心にいつまでももえつづけるもの、それは宗教的形式をあらいおとした初期アメリカニズムの精神であり、ニューイングランドの食料品店の子どもとしてやしなわれた庶民的人間への郷愁であった。

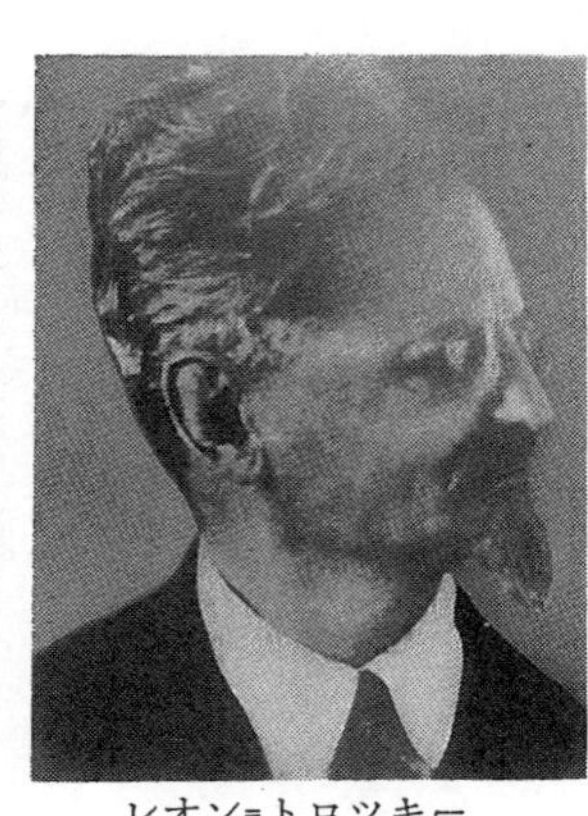

レオン＝トロツキー

日常生活

晩年のデューイは、フロリダの南端、キー・ウェストにある別荘ですごすことが多かった。かれは朝は八時におき、かるい食事をとり、午前中にしごとをした。たべたあとは、よく、まどろんだ。午後にはパズルをやったり、入浴したりして、夕方になると、ときどき、友人のディナー・パーティーによばれていった。また、デューイ自身が家でカクテル・パーティーをやることもしばしばであった。かれはカクテルをつくる名人だった。

カナダの東部、ノバスコシア半島には、デューイの夏の別荘があった。『論理学』は主としてここでかかれた。さらに、ニューヨークの沖にながくよこたわるロングアイランド島にも別荘・農場があった。あるとき、シュナイダーはこの小屋のるす番をしたことがあった。デューイがふだんつかっている室へはいってみると、ベッドの一方のかたわらには、三文小説(さんもん)が山とつまれており、いろりは煙草のすいがらだらけであった。そこへデューイの長女のエブリン嬢が友だちとやってきて、シュナイダーを買物にさそった。彼女はふるい型のフォードにのっていた。マーケットまで半分もいかないうちに、ハンドルの輪がすっぽりとれてしまった。彼女いわく、「いいえ、なにも心配しなくてもよくてよ。ときどきこうなるの。」こういって彼女はハンドルをはめなおして、けろっとしていた。シュナイダーにとっては、それは、まったくすごいウィークエンドであったわけである。

その農場に、デューイはニワトリをたくさんかっていて、卵をとなり近所のひとびとにわけてやった。ある日、やといの農夫がやすんだので、デューイは自分で卵を配達してあるいた。あるお金持の夫人が、だぶだぶのズボンをはいたデューイをみていった。「おや、いつもくるひとはおやすみなの？それで、デューイ農場から卵をくばるのに、お爺さんをひとりよこしたってわけね。」しかし、これには別のおはなしもある。デューイがそのお金持の夫人の家に食事によばれていった。デューイが家のなかへはいっていくと、その夫人はいった。「おや、まあ、卵やさんじゃないの!?」

デューイには、わすれっぽいくせがあった。放送局でラジオ講演をすることになっていて、スタジオへはいってからポケットに手をつっこんでみると、別の原稿がはいっていた。「しまった。原稿をわすれた！」さいわい、ほかのひとが原稿の複写をもっていたので、急場をしのぐことはできたが、こんな例はよくあるのだった。コロンビア大学に、デューイとおなじ頃につとめていたことがあるミルトン＝H＝トマスというひとは、しばらくのあいだ、デューイと衣裳箱（ロッカー）をいっしょにつかっていた。ある夕方、トマスが家にかえろうとすると、上衣のポケットに半ダースのうつくしいリンネルのハンカチーフがしまいこんであった。そこで、それをポケットからだして、デューイの机の上においた。翌朝になってからわかったのだが、デューイはある友人の誕生日のパーティーにでることになっていたので、ハンカチーフをわすれないように上衣のポケットにあらかじめいれておいたのだが、それが、トマスの上衣のポケットにいれてしまったというわけである。

おそらく、アン・アーバーかシカゴかの、どちらかでのはなしだとおもうが、かれは大学の庭をひとりの友人といっしょにあるいていた。すると、ひとりのかわいい子どもがデューイのそばへやってきていうことに、「ぼくに五セントちょうだい。」デューイは子どもをみおろしながら、しょうがないやつだといった顔をして、ポケットから五セント白銅貨をつかみだしてあたえた。そして友人にいった。「この町の子どもたちにはこまったものですよ。いつもこうやって、かねをほしがるんですからね。」その友人は、あたりをみまわしながらいった。「いや、先生、あれはあなたの息子さんじゃなかったですかね?」すると、デューイ先生、すこしもあわてず、その子どもをみやって、「うん、そうだね。ぼくもそうおもうよ。」

一方、そのころのデューイ夫人アリスも、かなりわすれっぽかったらしい。ミシガン時代、デューイ夫人は子どもたちをうばぐるまにのせて食料品店へ買物にでかけた。そして、かった品物を手にもって家にかえるのだが、うばぐるまはそのまま店先きにおいてくるといった調子で、となりのひとが、いつも、子どもたちをあとから家へおくりとどけるのであった。

無邪気な気どりや

デューイは、けっして老人じみた服装をしなかった。かれはツイードを着用し、あかるい色の洋服をこのんだ。八十二歳の頃、デューイはニコラス＝ミュレー＝バトラーというひとのことを、ファレルとはなしあったが、バトラーよりもとし上のデューイがいうことには、「バトラーの難点はとしよりだということだね。」かれは他人から老人だとおもわれることをきらった。はでな服装をするようになったのも、そのためで、とくに、デューイ夫人の死後にそうなったらしい。自分の子どもたちにも、しごとをてつだってもらいたくなかった。キー・ウェストの家の庭には、棒きれや古釘がたくさんおちていたが、デューイは他人の手をかりずに、ひとりであるくといいはってきかなかった。

ファレルはデューイのもっとも顕著な特徴は、かれがまったくあっさりした性格の男であったことだ、といっている。この点はすべてのひとがみとめるところであったらしい。それから、デューイの率直さも特質としてあげることができる。知らないことは、いつもはっきり知らないといったし、また、いつも、自分の考えていることが正しいかどうかをためしてみようとしているようであった。あっさりしていて、率直で、わかさを気どる無邪気さ、こういったところがデューイの人物の特徴であった。

あっさりしているということは、ものごとをいいかげんにすますことではない。かれは、学問の上のことでは、学生にも、きびしさを要求した。シュナイダーが記憶しているところによると、デューイは、あるセミナーのとき、いちどだけ言葉はげしく、ひとりの学生に対して、にがりきっておこったことがある。その学生は一枚のレポートをもってきて、いわば不用意にいった。「なまけてしまって、こんなものしかできませんでした。」すると、デューイは、すぐにその学生をさえぎっていった。「やめたまえ。セミナーにでるのに、なまけたとはなにごとです。ぼんやりしていてはいけません。」じっさいかれは相当興奮していたということである。ところが、このとき、「ぼんやりしていて」というデューイの言葉は“due to an abstraction”であって、これは「他人のものを写しとって」という意味にもなるし、「抽象的に考えて」という意味にもなる。かれはいつも、自分のあたまで具体的に考えよ、と教えていたはずである。しかりながらも、このように、ユーモアをうしなわないところにも、デューイの人間味があらわれているようにおもわれる。

かれは偉大な哲学者でありながら、ほかのいかなる哲学者よりも、ずっと、アカデミックな雰囲気がきらいであった。まえにものべたように、かれは晩年の数年間、ニューヨークの自由党の名誉副総裁に就任したが、その頃のかれはしばしば、ホテル・コモンドアでの自由党の年次夕食会に出席し、そこで、労働者や自由主義運動の指導者たちといっしょにときをすごすのをたのしみにしていた。その会合にはいつも千五百人かそこらのひとびとが出席した。デューイは上のひな段に席をしめたが、かれがたちあがると、すべてのひとが席をたち、歓声をあげるというありさまであった。労働組合運動でも、一般の自由主義運動でも、デューイは、それに参加することによって、大きな心のよろこびをえたのである。

知恵の探究

デューイは、第一次世界戦争後は絶対平和主義者になった。ハル・ハウスのジェーン＝アダムズとの交際から、クェーカー教徒的な絶対平和の理想を追求する姿勢の尊さをまなんだのだとおもわれる。戦後のベルサイユ体制や、国際連盟がもつ偽装平和主義に反対し、また、パリ不戦条約を紙にえがかれたもちとして非難した。上院議員のボラーやレビンソンらとともに、戦争法外追放アメリカ委員会を組織し、戦争を不法なものとして、世界から徹底的に追放するための運動に従事した。しかし、こうした努力にもかかわらず、第二次世界戦争を回避させることはできなかった。戦後、デューイは原爆の出現をみたのちの世界の平和問題にさらにふかい関心をよせ、戦争法外追放の思想をいっそう徹底させて、世界連邦政府を樹立することの可能性と必要性をといた。これらの、世界の平和の問題についてのデューイの思想と実践運動は、かれの哲学の検証の場としてはもっとも典型的なものであり、また、かれの思想内容とふかいつながりをもつものであることはいうまでもない。

この間、デューイは、アメリカの哲学がその一般的傾向として、政治や社会や道徳などの実践的問題への関心をうしなって、言語分析という数学的な技術上の問題だけにあたまをつっこんでいることに非常な不満を感じた。アメリカ哲学会のあるひとつの委員会がロックフェラー財団から資金をもらって、「哲学の現状と、戦後において哲学のはたすべき役割」ということの吟味を行ない、「アメリカの教育における哲学」という報告書をだした。これに対してデューイは、アメリカ哲学会がロックフェラー財団という哲学とは直接に関係のない財団から資金をだしてもらったということは、この問題がたんに職業哲学者だけの関心事ではなく公衆の問題であることをしめしているにもかかわらず、委員会が問題を狭義に解して、教育における哲学の機能というまったくかぎられた技術的な問題だけをとりあげたのは、大きなあやまりであると論じた。これは、戦後における哲学の役割、といったような基本的なことがらについてはさまざまの哲学者の意見が一致できないという事態をよくしめすものであって、それは、「公衆道徳が混乱し、矛盾衝突をきたしていることとの知的反映である」といっている。

戦後にでたかれの論文集『人間の諸問題』(一九四六)で、かれは、哲学は知識の分析ではなく、もっと実践的な知恵を探究すべきだ、といっているが、これこそ、アメリカ哲学の現状に対するかれのいつわらぬ批判の言葉であり、かれの年来の哲学の基本的姿勢をずばりとしめすものであった。

再婚と死

一九四六年に、デューイはニューヨーク市のロバータ＝グラントと二度めの結婚をした。八六歳のときである。この二度めのデューイ夫人ロバータは日本デューイ学会の永野芳夫博士らの招待によって、デューイの死後、一九五六年の春に日本をおとずれ、さらに翌年は、デューイが生前夫人に日本をアメリカに紹介する教育映画をとるようにすすめておいたとかで、その映画をとるためにふたたび日本にやってきたことがある。この老夫妻は、養女のアドリエンヌとその弟のジョンのふたりを養子にむかえ、晩年を平和のうちにすごしたのである。

デューイの九十回めの誕生日の頃のある日のこと、デューイはニューヨーク市五〇番街のバスにのっていた。と、あるひとりの男がのりこんできて、「ああ、あなたはジョン＝デューイさんですね。あなたを、ぜひ、わたしの娘に紹介したいんですが」といった。その娘というのは、十歳そこそこの子どもであった。この子は、老デューイをみて、にこっとわらっていった。「ああ、おじさんがジョン＝デューイさんなのね。わたしたち、学校で、ジョン＝デューイの『教育』っていうのを、つかっているのよ。」デューイ夫人のロバータによると、これをきいてデューイはすっかりうれしくなり、すくなからず興奮してしまったということである。この子どもの言葉は、大学教授が、デューイの哲学や教育体系を勉強しています、などというよりは、ずっと、デューイをよろこばせたのである。

一九五二年六月一日、ニューヨーク市五〇番街一一五八番地で死去。ときに、デューイは、九十二歳と七か月二十二日のよわいであった。

デューイの生涯について知るのにもっともよい文献は、ポール＝アーサー＝シルプ編の『ジョン＝デューイの哲学』（一九三九）にのっている伝記である。この伝記はデューイ自身が用意した材料にもとづいて、末娘のジェーン＝メアリが主となってかいたもので、トロツキー査問委員会で活躍した頃までのことがくわしくのべられている。わたしの解説もほとんどこの伝記を種本としている。それ以後の最後の数年のことについては永野博士の「デューイへの旅」という一文（『デューイ教育理論の諸問題』、日本デューイ学会編、刀江書院、一九五九）が参考になった。本書一七三頁の写真をつかわせていただいたこととあわせて感謝の意をあらわしたい。

デューイのひとがらやエピソードについては、デューイ生誕百年祭を記念して出版された『座談会―ジョン＝デューイ』（一九五九）をよむのがよろしい。これはデューイの友人や弟子たち十一人が一九五八年の十二月にニューヨークにあつまって、デューイのおもいでや人間的印象についてかたりあった座談会の記録で、いろいろのほほえましい話がでている。本書でもこの座談会から借用した記述が多い。

デューイが発表したおびただしい論文や著書、それにデューイにかんする他の学者の研究については、ミルトン＝ホルセイ＝トマス編『ジョン＝デューイ――百年にわたる書籍解題』（一九六二）がもっともくわしい。

III

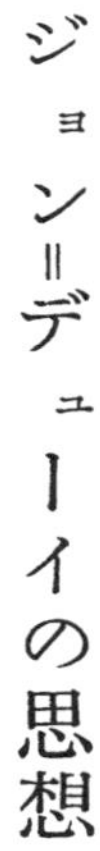
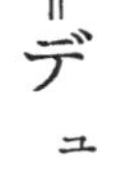

ジョン＝デューイの思想

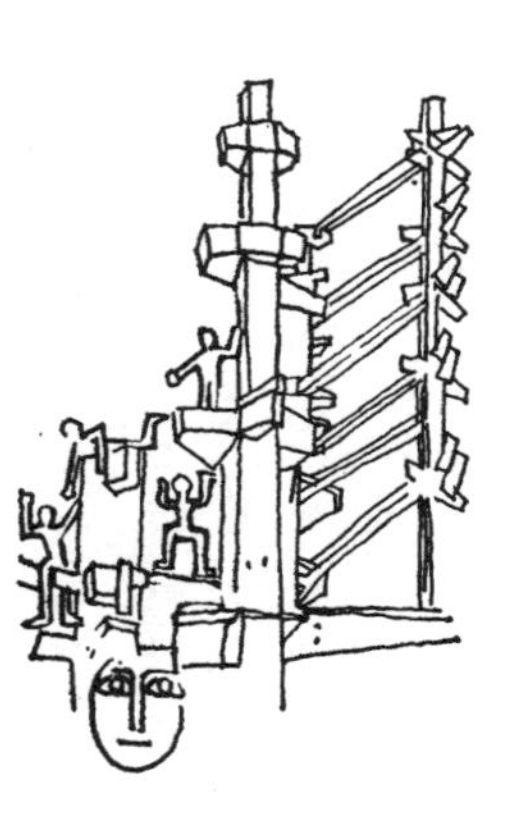

概観

四つのモチーフ

デューイは、一九三〇年にジョン＝アダムズとウィリアム＝P＝モンターギュとによって、ニューヨークで出版された、『現代アメリカの哲学』という書物に、「絶対主義から実験主義へ」という文をよせている。これは、デューイが七十歳でまさにコロンビア大学の現役の教授をやめるにあたって、バーモント大学入学以来の、自分の思想の発展・成長の跡を回想したもので、かれの精神の発展に影響をあたえたさまざまの人物とその思想についてのべたものである。それは、デューイというひとりの天才的な哲学者の生涯に具体化された、アメリカ哲学史の素描（そびょう）であるといってよい。

すでにのべたように、デューイは、ジョンズ＝ホプキンス大学の学生時代に、モリス教授をつうじてヘーゲル哲学に接し、その思弁的な要素に魅せられた。そしてやがて、アン・アーバー時代からシカゴ時代にかけて、ヘーゲルから離脱し、デューイ独自の実験主義的プラグマティズムの哲学を構想するようになった。このように、かれのヘーゲルからの訣別（けつべつ）はすくなくとも表面的にみるかぎりでは、かなり早い時期に行なわれたのであるが、かれの思想の根底に沈殿したヘーゲル的なもののみかたは、いつまでも、デューイの哲学に独特の色調をあたえずにはおかなかった。

ヘーゲルは、この世界のいっさいのできごとを精神の現象とみた。それに対してデューイは、この世界のいっさいのできごとを自然の現象としてとらえた。つまり、ヘーゲルの「精神」を「自然」におきかえたのである。つぎに、ヘーゲルは精神が現象してくるプロセスを弁証法という思弁的な方法で説明した。それに対してデューイは、自然が現象してくるプロセスを進化論によりながら実証的に説明した。そして進化論がとく「進化」ということに、弁証法がもちいる矛盾、運動、発展などの考えかたをみちびきいれることによって、問題解決の論理をあみだした。ヘーゲルがあたまのなかで考えていた「発展」ということを、生物学をはじめとする自然科学の実験によってたしかめてみることのできる「成長」という考えかたにきりかえ、成長を、有機体が環境において行なう問題解決の過程および結果としてとらえたのである。

デューイは、おなじその論文のなかで、かれの思想を構成している四つの基本的強調点(モチーフ)をあげている。

(一)　かれはつねに、教育の理論と実践に根本的な関心をいだいていたこと。

(二)　科学と道徳のあいだのさけめを橋わたしすることができるような、有効な探究の方法(論理)を確立しようとすること。

(三)　人間の経験を生命活動として理解する場合に、ウィリアム＝ジェームズの影響のもとに、生物学的なみかたを重要視する。人間の心理や道徳(倫理)を、抽象的な哲学的概念によって説明するのではなく、生きた環境とのつながりにおいて説明しようとすること。

(四) 哲学においては、社会的なもののみかたを確立することが必要である。政治や経済や社会の諸問題に関心をもとうとすること。

以上の、デューイ哲学がもつ四つの要素は、それぞれ、デューイの教育理論、論理学、倫理学、社会哲学という姿をとって、さまざまの著作にかきあらわされるようになるが、この四つの分野に対して、デューイのそれぞれの時代をあてはめれば、つぎのようになるとおもわれる。

ミシガン時代………倫　理　学
シカゴ時代…………教育理論
コロンビア時代……社会哲学
晩年時代……………論　理　学

これは、いうまでもなく、興味の中心がそれぞれの時代において、一応、みぎのようにわけられるというだけであって、デューイは、どの時代においても、すべての問題に哲学的関心をしめしたのである。全般的にみて、デューイは、「プラトンにかえれ」といっているほど、プラトンをたかく評価している。しかし、これは、プラトンの観念論へかえれといっているのではなく、哲学がもっとも哲学らしいありかたをするのは、それがつねに、社会的・実践的意義をもつときだ、という意味において、プラトンを重要視したのである。ポリス（国家、政治）の哲学者プラトンが、デューイにとっては、哲学者の模範であった。教育も論理も倫理も、国家的・社会的・政治的動物としての人間の問題解決のいとなみのなかから自覚されてくる。したがって、ある時代にはある問題にしか興味がないというようなことは、ことに、デューイの場合にはありえないのが当然である。

哲学の構造と世界観

四つのモチーフによって構成されるデューイの哲学全体の構造は、第一図にしめされるようになるであろう。デューイ哲学の全体をひとつの円錐(えんすい)であらわすならば、下部および深部には、自然環境をとりあつかう自然科学があり、その上部および表層部には、もろもろの社会科学がおおいかぶさる。そして、円錐の頂上部に教育理論が位置をしめる。自然科学の裾野(すその)から社会科学の斜面をのぼって、教育理論の頂上にいたる主要な登山路は、倫理学、論理学、社会哲学の三つである。頂上から心棒となる軸が円錐の中心部にとおっているがこれは知性と経験とのよりあわさったものである。三つの登山路は、この心棒とつねに相互関係にあって、登山路の位置やのぼりの角度を決定するばかりでなく、心棒とのつながりをとおして、ほかの登山路と影響しあう。頂上にいたる道は、この三つにかぎられるのではなく、間道(かんどう)はいくらでもつくることができる。

この、デューイの哲学の構造は、いうまでもなく、かれの世界観の構造を反映するものにほかならない。かれの世界観は、第二図にしめされるような構造をもつことになるであろう。

裾野から頂上までの地肌は自然環境からできており、その上部に社会・文化環境がおおいかぶさる。そして、頂上部には教育活動が位置する。社会・文化環境も教育活動も、その部分をほって奥をのぞけば、自然の肌があわらにみえる。それは、ちょうど、富士山につもった雪の下が岩で、雪自身がまた自然がつくりだしたものであるのによくにている。なお頂上部の教育は、学校教育を中核的なものとしてふくみはするが、それにかぎられるのではなく、社会の自己存続、自己発展のための機能として、本来的に社会にそなわっているところの、広義の教育である。

社会・文化環境には、多数の登山路が頂上をめざしているが、その主要なものは、政治、経済、学問(科学)、芸術、宗教の五つである。このほかにも、間道の登山路として、さまざまのものを開拓することができることはいうまでもない。この円錐全体をささえる心棒となり、軸

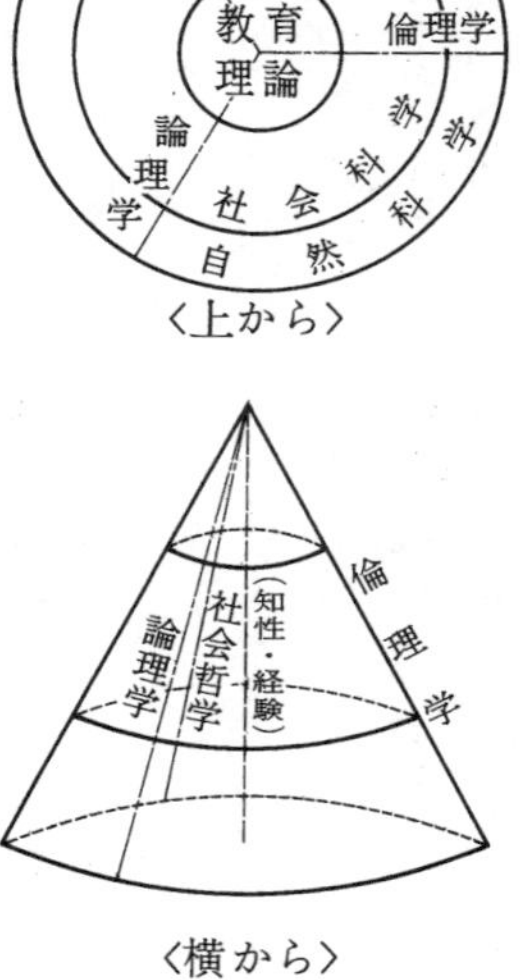

デューイ哲学の構造
(第一図)

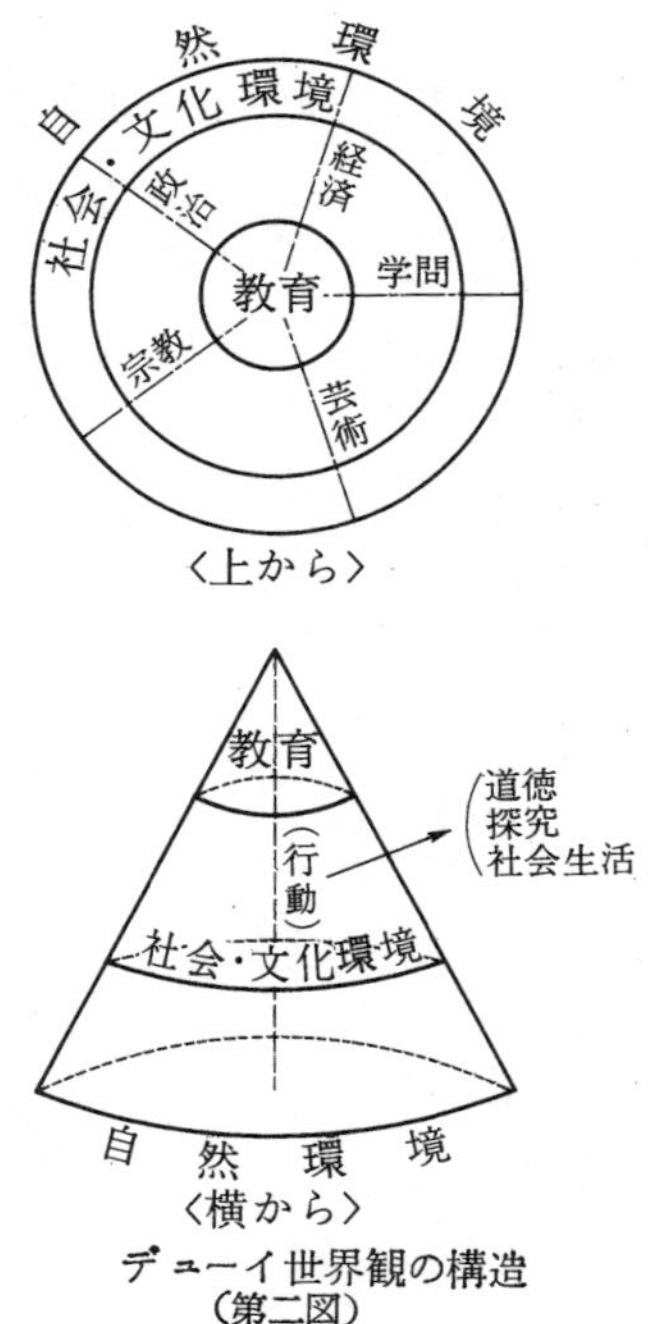

デューイ世界観の構造
(第二図)

となるものは、人間の行動である。この行動が、具体的には、政治、経済、学問、芸術、宗教のかたちをとってあらわれる。そして、行動は、道徳、探究、社会生活の三つの要素からなりたつ。ここで注意しなければならないのは、デューイの場合、道徳はそれ自身でひとつの登山路になることはない、という点である。どの登山路も、それをのぼる行動において、道徳、探究、社会生活の三要素をもつのであって、これらの具体的な登山行動をぬきにした道徳というものは存在しない。したがって、個々の具体的教育活動をはなれた道徳教育はナンセンスであって、政治や経済や学問や芸術や宗教その他の実践をつうじてのみ、道徳の問題は教育という網にかかってくるのである。

ひとつの世界あるいはひとつの社会をしめす円錐が直円錐であれば、その世界なり社会なりは、正常な民主主義によって支配されている、ということができる。この正常さは、円錐を構成する各部分が相互に調和し、均衡(きんこう)がとれていることをしめす。この世界観の構造が、デューイの哲学観をあらわす第一図に反映するのであるが、そのときには、心棒の行動が経験化され知性化されて表面に露出し、それらの部分が倫理学、論理学、社会哲学となり、それぞれが、行動の道徳面、探究面、社会生活面を反省的に理論化しつつ、究極的には教育理論においてひとつに統合されるべく、頂上にむかって集中していく。

以下、デューイの哲学思想の四つの基本的モチーフを、かれの生涯の経過の順序にしたがってとりあげ、思想全体の特徴をあきらかにしてみたいとおもう。

倫理学

——知性と自由——

悪戦苦闘

ジョン＝デューイは、アン・アーバーのミシガン大学在任以来、倫理学を講義題目とすることが多かった。かれの著作で道徳のことを問題にしていないものはまずみあたらない。すでにのべたように、道徳は、探究活動や社会生活とともに、社会の構造と機能の中枢部にあり、人間の行なうあらゆる行動に、ちょうど、神経系統のようにつらぬいてきているので、人間の諸問題をとりあつかう哲学においては、道徳のことを無視することができないからである。かれの社会観にしたがっていえば、政治的人間、経済的人間、学問的人間、芸術的人間、宗教的人間など、社会の各分野で特色ある活動をする人間はありえても、道徳的に生きることを専門とする人間などではありえないのである。

政治も、経済も、科学も、宗教も、芸術も、それぞれ専門としての独自の領域と独自の論理をもっているのであって、これらを、いつも「道徳」の監視下においてあれこれいうような道徳主義は、かえって、ゆたかな人間性の開発をさまたげてしまうおそれがあることはたしかであるが、だからといって、政治、経済、学問、芸術、宗教などが、ひろい意味での道徳とまったく無関係に暴走するということはゆるされもしないし、そんなことをすれば、それはむしろ、それら自体の自殺行為にすぎない。すべての人間は道徳的に生きるように要求されている。そして、ぎゃくに、道徳的に生きることを専門とするような人間は存在しない。教師でも、宗教家でも、警察官でも、政治家でも、誠実に生きなければならないのは、売文業者や商売人や役者や歌うたいが誠実に生きなければならないのと、まったく、おなじことなのである。デューイの多くの著作が、人間の諸問題をとりあつかうにあたって、道徳をつねに主要テーマのひとつとして考察していることは当然のことといわなければならない。

シカゴ大学の構内

しかし、出版された著作のうち、正面から道徳の問題をとりあげて、それを理論的に解明しようとしているのは、ミシガン時代の講義用テキストをのぞけばシカゴ大学時代に、ジェームズ＝タフツと共同に研究した成果をまとめた共著『倫理学』がもっとも重要なものといえる。さらに、道徳を社会心理学的基礎にたって究明したものに、『人間性と行為』がある。

『倫理学』の第一部は、人間が集団をつくって生活する以上は、かならず、したがわなければならない道徳というものが存在するということを、歴史的に事例をあげて解説する。第二部は、行為の内面的あるいは個人的な側面を分析して、行為につきまとうさまざまの道徳的価値、すなわち、善悪、正邪、義務、法則などの概念をあきらかにする。それと同時に、ある行為が是認されたり称賛されたり、あるいは、否認されたり非難されたりするということは、社会的にどういう意味があるのか、という問題を考察し、さらにすすんで、人間が身につけるさまざまの「徳」や、道徳のにないてである人間の「自我」の役割を論じている。つぎに第三部では、行為を社会という場において考察し、それを権利、義務、生産、分配、富の所有、家庭生活などとの関係において分析する。

倫理学という学問は、人間の行為の内面的なプロセスを、外界の自然的・文化的諸条件によって決定されたものとして、また、これらの外的な諸条件を、ぎゃくに、決定していくものとして研究する。あるいは反対に、社会の諸制度や機能を、人間の内面的な目的によって決定されたものとして、また、これらの内面的な目的を、ぎゃくに、決定していくものとして研究する。行為は、抽象的な真空のなかで行なわれるのではなくて、歓喜と悲哀、崇高と醜悪のうずまく実社会で行なわれる。だから、倫理学は、きれいごとですむような学問ではない。それ自身が、悪戦苦闘の記録となるはずのものである。人間は、その苦闘をとおして、かれの生きかたを発見し、修正し、きたえていく。その人間の能力が知性とよばれるものである。

創造的知性

デューイにとっては、すでにのべたように、道徳はあらゆる行為にかかわりをもち、神経のようにすべての社会的行為の末端までしのびこんできているものであったし、また、行為とは、人間と自然的・文化的な環境との相互作用として理解されるものであった。だから、道徳の問題を解明するには、行為の分析が出発点とならなければならない。行為はさしあたって、生物学的・生理学的・心理学的分析の対象となる。そこで、デューイは、『人間性と行為』において、行為を中心として形成される習慣、衝動、および知性などのはたらきをくわしく吟味することからはじめる。

わたしたちは、ふつう、習慣のなかにうずもれている。一日に三度の食事をすることや、朝おきたら顔をあらうこと、ごはんをたべるのにハシをつかうこと、そのほか、日常生活には習慣化してしまって、すこしもそれを不思議におもわなくなっていることが多い。いや、ほとんどが習慣的行為の連続だといってよい。ところが、環境がかわったり、わたしたち自身が成長したりすると、これらの習慣にひびがはいる。パサパサでハシにも棒にもかからないコメしかないインドやセイロンのように、食事は右手のゆびでとるのがあたりまえというところへいくと、当然ハシをつかうべきだとしていたこれまでの状況は不安定となる。ちょうど、のちに、探究の構造のところでのべるのと、まったく、おなじことがおこる。

状況が不安定になると、それを回復して、均衡状態にもどろうとする衝動がうまれる。不安定よりは安定がのぞましく、不均衡より均衡のほうがいごこちがよいにきまっているからである。衝動がゆりうごかされると、そこに、反省的想像力がうながされる。これは、過去をふりかえり、未来を展望する能力である。ふるい習慣の由来をたずね、それのすてるべきところをすて、とるべきところをとり、そして、あたらしい行為の型となるべき未来の習慣をみとおす力である。これが知性である。この知性が探究のしごとに従事するのである。

知性は、もともと、習慣ないし衝動によって制限をうけている。コメをくう習慣のなかでそだつと知性は米食民族特有の姿をとってしかあらわれない。日本語をつかう習慣をもつひとびとは、日本語でしかものを考えない。また、主体がどういう衝動をもつかによって、知性のありかたが左右される。しかも、ひとたびできあがった知性は、おなじものとしてとどまらない。米食自体を批判し、米食民族特有の考えかたを批判するようになるし、英語でものを考えることができるようになる。また、衝動のあらわれかたをコントロールするようになる。このことは、いいかえれば、人間の生活と、その生活根拠である自然的・文化的諸条件を、反省し、客観視して、ひとりよがりや意気消沈の状態をぬけだすことでもある。知性は従来の習慣の諸要素をえらびなおし、配置がえを行なうのである。

知性は回想し、観察し、計画をたてる。これが、デューイのいわゆる「創造的知性」のはたらきであり、個人の創意は、この知性のはたらきによって生まれる。習慣→衝動→知性という、ひとめぐりの意識のうごきは、探究に従事しているときの心理過程の一般的なかたちであって、これを形式的に分析すれば、不安定状況→問題設定→仮説→推論→実験→保証された命題、という、のちにのべる探究の論理構造と一致する。倫理的思考もまた、こうした探究過程をとるものであることにおいては、例外をなすものではない。その故に、デューイにおいては、心理と論理と倫理は、別々の領域の問題なのではなくて、生きている人間のいとなみとして、同一の問題なのである。

知性は自由のカギ

知性は熟慮する。熟慮とは、あたまのなかで、いろいろの可能なやりかたを比較検討し、利害・打算をおこなう知性のはたらきである。熟慮がすんだということは、行動の選択ができたこと、決心がついたということである。決心がつけば行動にふみきる。バッターが直球にやまをはってバットをおもいきりふるのも、ランナーが投手の投球動作とともに盗塁をはじめるのも、監督がスクイズ・プレーのサインをだすのも、すべてこれ熟慮断行である。世のなかは、こういうことで、いっぱいにみちみちている。わたしたちは、日常の生活では、たいていは習慣的にすましていても、ときどき、あるいは、しばしば、自分でめんどうくさいなとおもいながらも、熟慮断行しなければならないことにおそわれる。それをさけていたのでは局面は打開されない。「もとめよ、さらば、あたえられん」である。断行とは実行であり、実験であり、冒険である。冒険のない人生は枯渇(こかつ)した人生である。そこでは、知性がまひしており、さびついてしまっているのである。

知性は熟慮し実験する道具である。それは状況をほりおこす鍬(くわ)であり、切開手術をするメスであり、熔接をする火である。だから、たえず消毒・殺菌され、とぎすまされ、燃料を補給されなければならない。つかわれない鍬はさびる。知性は、つねに、いま、ここで使用されなければならない。知性は未来にそなえてとっておかれるような道具ではない。現在において、この場所において、たえず能動的に発動し、テストをうけ、みがきをかけられなければならない。知性が熟慮する道徳は、未来の夢におわるものではなく、現在においてこそ実践されなければならないものである。熟慮された断行、行動の選択・決定、において人間は自由な存在となる。人間が自由であるということは、自己の責任において社会的行動の主体となることができるということである。そして、自己の責任において社会的行動の主体となるということは、知性が熟慮の末に決定することがらである。この意味で、知性は人間が自由であることを保証するカギである、とデューイは考える。そして、そのことは、知性自身が自由であるということを意味することにほかならない。

自由なる知性、それはすべての人間に保証されるべきものである。すべての人間が自由な知性をもち、知性的に自由に行動するときに、はじめて、民主主義が通用する社会が期待されるからである。デューイがいうところの「民主主義」とは、政治上の制度のことだけをさすようなせまい意味のものではない。多数決の原理とか、少数意見の尊重とかいうことだけが民主主義であるのではない。これらの政治制度の運用をスムーズにすることができるような、もっとはばのひろい、包括的な概念であり、個人的ならびに社会的なひとつの生きかたの総称なのである。民主主義はむしろ、行動の自由とともに、解放された知性の自由、あるいは、精神の自由が確保された生きかたの全体をさすのである。

デューイが問題とする自由は、けっして、観念的な自由ではない。かれは、自由をただ哲学的に論議することにふけっていたのではない。ここでも、かれの創造的知性の自由を可能ならしめたものは、アメリカ人のフロンティアにおける経験であった。ウィリアム=ジェームズの弟で、はじめてアメリカ文学の独自の分野を開拓したヘンリー=ジェームズは、その作品『アメリカ人』（一八七七）の主人公ニューマンをつぎのように描写している。「かれは同時に頭も使いながら、多くのことに手を出した。もっともすぐれた意味で企業心に富み、冒険を好み、ときには向こう見ずなことさえやり、はなやかな成功を経験する一方、手ひどい失敗も経験した。だが、生れながらの経験主義者で、どのようにのっぴきならない立場に立たされたときであっても……つねになにかしらん楽しみを見出した」[1]と。このニューマンのあかるい楽天的な人間性のささえになっているものは、西へむかって前線を拡張してきた行動型人間の自由の意識である。それはホイットマンがたたえた自由でもあった。デューイは、この自由へのカギを知性としてとらえ、民主主義の扉(とびら)をあけようとしたのである。

コン・シエンス

道徳が価値あるのは、それが人間に幸福をもたらすからである。幸福をもたらさない道徳は道徳たる資格をもたない。幸福とは精神の充実感であり、できるだけのことをやった、という満足感である。幸福には、なるほど、一定の物質的条件が必要である。ひとつの社会で平凡人が幸福感をもつことができるためには、とにかくひとなみの生活が保証されている必要がある。そうでないと幸福感をえることはなかなか困難である。しかし、物質的条件には限度がない。ひとなみの生活とはいっても、客観的に確定しているわけではない。だから、幸福の条件は、物質的なものだけではない。やはり、最後的には精神のもちかたが重要になってくる。幸福というものは主観的な感じなのである。しかし、だからといって、人間に、豊富な物質的生活を保証する必要がないわけではない。それは、政治の最大の責任であ

1) 西川正身訳、世界文学全集、河出書房新社による。

る。政治家は、国民にお説教したり、精神訓話をやる暇があったら、どうすればゆたかな衣食住を国民に保証できるかを考えるべきである。幸福は心のもちかたいかんによってきまるなどということは、政治家がいわなくとも、政治の貧困になかされる国民が、なまなましい実感として、とうのむかしから到達している結論なのである。

幸福が主観的なものであれ、客観的なものであれ、それは、人間にとって価値あるものであり、善なるものである。価値とは、人間の行動を統制するものである。人間は、おのれにとって価値あるものを実現しようとして行動する。善とは行為を統制する価値であり、さらに、行為によってのみ実現される価値にほかならない。

したがって、行為はその動機の上で善をめざすか、あるいは、悪をめざすか、によって裁き(さば)をうける。また結果として善をうみだすか、あるいは、悪をうみだすか、によって裁きをうける。行為が動機によって評価されるか、結果によって評価されるかはとわず、評価の基準は、つねに、善悪の概念である。この場合、善は幸福であり、悪はその反対の不幸を意味すると考えてさしつかえない。善悪は、かならず、社会的な意味をおびている。社会ときりはなされた、まったくの個人というものはありえないが、かりにそれがあるとしても、かれには善悪の区別は必要ではなく、道徳は無用である。道徳とは、もともと、社会的なものでしかないのである。

わたしたちは、社会的に生きるということをつうじて、なかまといっしょに考え、感じ、行動する。そこに、共通の考えかた、感じかた、行動のしかた、というものが生まれる。この共通の思想・感情・行動の集合体が良心とよばれるものである。英語では良心のことをコンシェンスという。コンとは「共に」という意味であり、シェンスとは英語のサイエンスのこと、すなわち、知られたもの、認識されたもの、科学、学問、という意味である。すなわち、社会生活において、共通の思想・感情をもち、共通の行動を是認する意識が良心なのである。デューイは、良心とは道徳的な心情ならびに観念の集積であり、はじめは社会制度の創造者とか裁判官というようなものではなく、かえって社会制度が生みおとしたものであり、また、社会制度を反映するものである、といっている。

　良心は一定の社会組織と相関の関係にある。それは、一方では自分を生みおとした現存の社会秩序を是認し、これを保存・維持しようとするが、やがて他方ではその秩序を批判し、あたらしい秩序をつくらなければならないと考えるようになる。それは、未来へのみとおしをもつのである。良心とは、知性の社会化されたはたらきにほかならない。創造的知性は、それが自由に、この社会生活の舞台ではたらこうとするとき、良心としてあらわれてくる。デューイにとって、良心は、けっして、神や霊魂のごとき神秘的なものではなく、どこまでも、人間の地平においてあらわれる人間的な道徳意識にほかならない。

人生は旅

　人生という劇場には、つぎからつぎへと、道徳的場面が展開してくる。これらのシーンの連続する全体が人生なのである。ところで、つぎつぎとかわるシーンは劇全体の構成部分として、全体へのつながりをもつからこそ、一定の意味や、興味をあたえられるのであって、そのシーンだけぬきだしたのでは、ナンセンスであり、おもしろくもなんともない。しかし、よく考えてみると、これらのひとつひとつのシーンにも、また、それ独自の完結的な意味があって、この意味があるからこそ、劇全体のなかで生かされもするのである。デューイも、「ひとつひとつの道徳的状況は、それ自身、他にゆずることのできない善をもつ独自の状況なのである」といっている。だから、小さなシーンだからといっても、つまらないものであったり、無意味なものであったりするはずはない。もちろん、小さなシーンにこだわって、それをふくむ大きな状況をわすれるのは、まちがいであり、正しい生きかたではない。ながい眼でみたり、大局的見地にたったりして、現在のことを犠牲にする必要もしばしばある。しかし、このときですら、現在のことを犠牲にする方法がどうでもよいということはけっしてない。現在の身の処しかたこそが、ここでは、もっとも重大な関心事なのである。

朝、駅にむかっていそぐひとは、とにかくまず、めざす汽車にまにあうことをねがう。発車まぎわにすべりこんだときなど、やれやれよかったとおもう。駅をでてバスにのるときには、座席をとることをねがう。すわれれば今日は運がよかったなどとおもう。このようにして朝がすぎ、一日がすぎ、一週間がすぎ、一月がすぎ、一年がすぎ、一生がすぎる。ときどきは、「人間はなんのために生きるのか」などと、大上段にかまえて考えてみたりするが、解決のつかないままに、ときをすごしている自分を発見したりする。デューイは、人生には絶対不動の目的などというものはない、といっている。人生には、いつも、仮りの目的しかない。神の国を実現すること、革命を成就すること、などといってみても、それはなんのためか、とふたたび質問されてしまう。すべてが仮りの目的でしかないからである。

デューイの倫理思想には人生の目的がかけている、というように批判するひとが多いが、その批判をするひとびとは、いったい、なにを人生の目的としているというのか。そのひとは、ほんとうに、正直な態度でものをいっているのであろうか。しかも、デューイは、民主主義を究極の目標とし、それにむかって人間が成長することをもって、人間のいとなみの目的としているのであって、けっして、未来のビジョンにかけているわけではない。ただ、このビジョンが、具体的な理想社会のプランなどを無責任に提出していないという点で、他人からビジョンをあたえてもらわないと安心できないひとびとには、迫力において不足しているようにおもわれることは否定できない。しかし、このことは、現在の瞬間を充実させて生きることの重要性を強調するデューイの倫理思想の価値を、けっして、ひくくしてしまうものではない。

人生は劇場でもあるし、また、旅でもある。旅は、目的の行先きをもっているが、途中を省略して目的地にだけいくということは旅のもつ意義を半減させる。飛行機で、さっといってさっとかえってくるのは、ビジネス用の旅行ならやむをえないが、それは、もはや旅とよべるものではない。旅では途中の村、町、駅、宿屋、山、川、野原などが大切なのである。人生そのものには、つねに、途中しかなく、わたしたちは、つねに、途中にある。途中を精いっぱい生き、途中をたのしむ以外に人生はなく、旅はない。いたずらにいそぐことは人生を忘却したおろかもののしわざである。旅はあるくことをもって最上とする。それが人生の本然の姿であるからである。

教育理論

――実験学校のこころみ――

哲学の宝庫

デューイはもともと教育にふかい関心をいだいてきた。シカゴにうつったのも、ここの大学の哲学教室が心理学のほかに、教育の諸問題をもあわせて研究することになっていたことに賛同したからである。かれは、哲学はたんに理論だけにおわるのではなくて、つねに、教育という実践の場で、理論の有効性がためされるようなものでなければならない、とつねづね考えていたのである。教育は、もともと、人間の改造を重要な意図とする社会の機能である。とすれば、のちにふれるようにデューイの哲学が、人間の改造をめざすものであるかぎり、教育というものに、哲学のはたらき場所を発見したことは、なんらあやしむにたりない。

デューイは、みずから責任者となって、ひとつの実験学校をシカゴ大学の付属小学校として発足させた。それは一八九六年の一月のことであった。物理学や生物学に実験室があるように、心理、道徳、芸術などさまざまの人間の精神の発達について研究する哲学・心理学・教育学教室にも、ひとつの実験室があってしかるべきだ、というのがデューイの信念であった。自然科学的探究と社会科学的探究に性質上の差別をみとめないかれの立場が、はやくもここにあらわれている。

はじめは、一軒の家をかりて開校し、生徒十六人、先生ふたりでスタートした。すでにのべたように、シカゴ大学当局はほとんど財政的援助をあたえなかったから、生徒の父兄や有志の好意による寄付金と、デューイの教育学説に共鳴し、教育の実験的研究をやって子どもたちの真の幸福をねがう、有能な教師たちの献身的な奉仕によって、この学校は維持されてきた。一八九八年の秋には、ようやく作業室と実験室をそれぞれふたつずつと、それに料理場と食堂のついた校舎ができ、生徒数もふえて八十二人になった。その翌年の一八九九年には、デューイは生徒の親たちや、学校の後援者たちのまえで、これまでの三年間に付属実験学校で行なってきた教育実験の結果を報告し、将来すすんでいくべき方向について抱負をのべた。この講演は三回にわたってなされたが、これによって、デューイは、今後ともこの実験学校の存続をねがい、そのためには、有志のひとたちの同情による財政的支援がどうしても必要である、ということをうったえたのであった。この講演内容の速記を三つの章にまとめ、それに、「シカゴ大学付属小学校の三年間」という別の一章をつけて出版した小さな書物が『学校と社会』(一八九九)の初版本である。

デューイはのちに、『民主主義と教育』において、つぎのようにいっている。一般的に、人間をもふくめて、生命をもつ有機体が生きていくということは、その有機体が、自分をとりまく環境に対してはたらきかける行動によって、自分をつねにあらたにつくりかえていく過程のことをさしていうのである。ところが、人間の場合では、自分をつくりかえるということは、肉体を更新していくことであると同時に、それは、信仰や理想や希望や幸福や悲しみ、そのほかの風俗習慣の更新をもふくんでいる。つまり、人間は社会的なさまざまの経験を更新することによって、その経験をじつは持続させていくのである。すなわち、あたらしい酒はあたらしい革袋にいれながら、酒が人生に対してもっている意味そのものは、これを持続させていく。このとき、教育とはもっともひろい意味において、人間の生命を社会的に持続していく手段なのである。それは、人間社会が自己を存続させるために、自己の経験をつぎの世代に伝達するための、社会自身のもつ機能にほかならない……と。

『学校と社会』の初版本の表紙。色は黄色。

こうした考えかたは、すでに、『学校と社会』においても、生き生きとのべられている。この本は、デューイの四十歳のときのものであり、のちのかれの哲学思想の主要な傾向が、ほとんどなまのかたちで顔をだしているといってもよい。まえにものべたことがある「絶対主義から実験主義へ」という論文でデューイ自身がいっているように、「哲学的思考は最高の人間の関心事としての教育をめぐって、その焦点をあわせる。なぜなら、教育において、宇宙にかんする問題、道徳の問題、論理の問題が重大になってくるからである」ということが真理だとすれば、かれの教育理論においてすべての哲学思想が顔をだしてくるのは、まったく、当然のことなのである。この意味で、『学校と社会』は、デューイの思想の宝庫だといってよい。

楽園喪失

社会がみずからのために成就してきたいっさいのものは、学校の機能をとおして、あげて、その未来の成員に伝達される。学校は社会の自己伝達の機能としての教育を、集中的に、意識的に行なう場所である。だから、学校は社会における重大な変化に対して、つねに、敏感でなければならない。

十八世紀以来の産業革命は、人間性のもっとも奥ふかいところにあるもっとも保守的なもの、すなわち、道徳的、宗教的な観念や関心をさえもゆるがしてしまった。マーク＝トウェインはすでに、『王子と乞食』（一八八三）そのほかの作品をつうじて、衣装や富のようなものだけに人間の権威を帰属させる因襲的な貴族階級のわらうべき固定観念をうちやぶってみせた。王子も乞食も、人間としてどこに価値のちがいがあるというのか。こうした人間の内奥における価値観の変化は、産業革命の合理的精神がもたらしたものであると同時に、マーク＝トウェインをうんだアメリカ的な風土で、もっとも自由に表現されることがゆるされたのである。

いままでは、家のなかで糸はつむがれ、はたおり機械はかたかたとなっていた。ローソクも家でつくったし、小麦粉は水車小屋で、釘は鍛冶屋でつくられた。日常の生活でつかう品物は、みんなが知っている場所で、みんなが知っているやりかたでつくられ、知りあいのひとから手にいれることができた。子どもも、としよりも、女も、みんながそれぞれの能力に応じてそれらの生産に参加したのである。このように、じっさいに生産に参加することによって、人間がきたえられ、その性格が形成されてきたのである。デューイは、自分が子どものころ、新聞配達をしたり、材木の数をしらべたりして、本を買うかねをためたことを、あたまにおもいうかべたにちがいない。秩序を維持し、勤勉にはたらき、自分の責任をわきまえ、義務をはたすということについて考えるようになるのも、社会的生産活動に参加してはたらくことによって可能となる。ものの用にたちうべき人間は、生産活動をとおしてそだてられ、きたえられる。ふるきよき時代は、それがふるいからよかったのではなく、生産にともなう健全な倫理があったからよかったのである。

　また、むかしは、人間の生活が自然と直結していたから、人間は直接に自然にいだかれ、自然を操作し、自然を征服しなければならなかった。このような自然との交渉をつうじて、正しくものをみる態度、創意工夫、想像力、論理的な思考力、純粋な感受性、などがやしなわれることができた。

　しかるに、産業革命は、人間の身辺から、産業活動と自然の両方をうばいとってしまった。多くの人間にとって、生活の場所と生産の場所はきりはなされた。自然は、生産の舞台であるよりは、ますます、休養やあそびの場所という性格をつよめてきた。牧歌的な田園に生きた時代の楽園は、もはや、うしなわれたのである。生産的労働に従事する場合でも、あたえられるしごとは、全生産過程の一微小部分にすぎず、全体をみとおすことのできない、単調な労働がくりかえされるだけである。人間には、生産のよろこびはなく、あるものはただ、労働の倦怠(けんたい)と疲労(ひろう)のみである。

　むかしは、かりに、学校がなくとも、社会はひとりでに、その子弟に全人間的教育をほどこしてきた。だから、学校は、よみ・かき・そろばんの教育をやっているだけでよかった。ところが、いまでは、社会は、ばらばらになったかたわの人間しかつくることができない状態にある。学校は、よみ・かき・そろばんだけでは、もはや十分にその使命をはたすことができない。かつて、社会自身が行なっていた全人間的教育を、いまや、学校が社会にかわって行なわなければならない時期がきた。学校が社会の変化に対して敏感でなければならないというのは、この意味においてなのである。

社会のひな型

デューイは、しかし、社会の状態をむかしにかえせなどとはいわない。そんなことは不可能である。社会の進歩は、たしかに、人間の教育にとってマイナスの条件を多くもたらした。しかし、プラスの条件もまたあたえられている。人間は、自分たちの生産と生活の場面にしばりつけられることがないから、ほかの生産分野と生活態度にも十分に関心をもち、それぞれの意味をみとめることができるようになった。寛容さ、社会的判断力のはば、人間性についての知識、人間にはいろいろの性格があるのだということの認識、社会状況を機敏に解釈する能力、商業活動との接触、これらのことが急速に増大し成長した。すなわち、特定の土地への土着性から解放され、観念や知識の上では、はるかに、自由に飛躍しうるようになった。しかし一方各個人は、孤立しており連帯性という点ではかけるところが多い。これが現代の人間の特徴であろう。だから今日の学校は、社会の進歩がもたらした人間性の成長の面を十分に生かしながら、むかしの社会がもっていた自然や生産活動との直結状態に起因する人間のうつくしい面をうしなわないようにするにはどうしたらよいか、ということを真剣に考えなければならないことになる。

学校教育におけるこのような問題を解決するためのデューイの着想は、学校の課業のなかに、いわゆる、技術・家庭にかんするものをとりいれることであった。木工、金工、編物、裁縫、料理などの科目がそれである。これらの課業は、けっして、ただ子どもたちの自発的興味や注意力をたかめたり、おとなになってからの実際生活にやくにたつようにすることだけを目的にするのではない。これらの時間に子どもたちが学校で行なう作業は、いずれも、ひとつの社会的意義をもっている。すなわち、これらの作業は従来の社会がつねにあたらしく生まれかわり、存続していく上でもっとも必要なものであり、これをとおして子どもたちに社会生活で一番大切なものがなんであるかが教えられてきたものであった。さらに、人間はみずからの成長する洞察力と創意工夫とによってこれらの作業を行なってきたのである。だから、これらの作業を学校の課業にとりいれるということは、ただ、ふるい時代の作業をやらせるということではなくて、これらの作業が人間社会に対してもっている本質的な意義を現代において生かすためなのである。現代の社会がうしないかけている基本的な人間関係を学校という場で再構成しよう、というのがそのねらいである。学校は社会から隔離された温室ではなく、あるべき社会生活の純粋なひな型とならなければならない。

もともと、社会とは共通の立場で共通の精神をもち共通の目的を実現しようとしてはたらくことをつうじてむすびつけられる一定数のひとびとのことをいうのである。社会をつくるひとびとは、共通の目的のもとに結合してはたらかなければならないからこそ、たがいに思想を交換しあい、感情を交流しあうことをますますさかんにしようとねがう。ところが現代では、社会をつくるひとびとが共通の目的のもとに生産活動をともにすることがないから、思想の交換と感情の交流ができなくなり、学校もこのような社会の実態を反映して、子どもたちを、たがいに、むすびつきのない、ばらばらのものにして放置してしまう。生産的な活動や作業からきりはなされた子どもたちがあたえられる授業は、たんなる知識の習得をこととするだけであって、ここには、子どもたちを相互に協力させるようななんの社会的な動機もなければ、結果として、社会的に有為な人材がつくられるということもないのである。

民主社会への保障

じっさい、学校では子どもたちを点とり競争においやることだけが、現代の教育を成功させることだと考えている。そして、その競争も、もっとも悪い意味での競争、すなわち、どの子どもが一番多く知識をため、つみあげることにおいて、ほかの子どもたちよりもすぐれているか、ということをみるために、暗記させたり、試験を課して、その結果を比較することが、学校教育のもっとも効果的な手段だと考えている。このような状態では、子どもたちは、ますます、相互に競争相手にさせられ、相手の成功よりは、むしろ、相手の失敗を期待し、よろこぶといった非人間的な心情をもつようにしむけられる。

暗記力や推理力だけで人間の価値がきめられるであろうか。知識は、たしかに、重要な人間性の要素であるが、この知識を社会生活において生かしていく、人間としてのモラルや情緒を無視することが、ゆるされるであろうか。なるほど、各学校では、道徳教育や情操教育に力をいれている。しかし、各学校で生徒を評価するとき、客観的に点数がでるという理由で、知識の量だけで序列をつけてはいないだろうか。入学試験には、まったくといっていいほど、モラルや情緒の面が無視されているではないか。優秀校とか有名校というのは、利己主義のチャンピオンたる「秀才」の受験技術練磨のための予備校ではないか。ここでは、道徳教育や情操教育の材料さえ、暗記の対象とされてしまっている。ソクラテスが、アテネの町でどう生きたかを、自分の生活のなかにうつしかえてみて、自分の問題として考察するのではなく、ソクラテスという人名と、かれがいったという有名な言葉を、まちがいなく線でむすびつければ、それで、「倫理・社会」は優秀な成績となり、その生徒は、「よくできる」というわけである。いま、わたしは、日本の現代の教育の状況についてのべたのであるが、デューイが、『学校と社会』で批判している、十九世紀末のアメリカの学校教育も、本質的には、これと同性質の危機にのぞんでいた。

このような、学校教育の危機をすくうために、デューイは、さきにのべたような、作業的な科目を課業として導入しようとしたのである。それによって、人間味のかよった「小型の社会」「芽としての社会」になることを、学校に期待した。しかし、この、学校という小型の社会は、生産において利潤をあげなければならないというような、経済的制約をもっていない。ただ、社会的に生きていく力と洞察力を発達させればよいのである。つまり、この社会は、せまい功利性から解放されていて、人間精神の可能性にむかって、すべてがひらかれている。子どもたちは、作業をすることをとおして、社会的・道徳的に、協力、責任、義務などのモラルを身につけるばかりでなく、その作業をうまくはこぶために、その作業の目的と方法について熟慮し、もちいる材料についての理解をふかめるための研究を行なうようになる。すなわち、地理、歴史、理科、数学などの基本的知識なしには、作業がうまくやれないことがわかり、それらの知識を、自分から興味をもって、獲得するようにしむけられる。

ここでは、子どもたちは、教師の意志によってはたらかされる「奴隷」ではなく、自分の意志ではたらく「主人」なのである。かれらは、先生にたずね、図書館でしらべ、新聞からまなぶであろう。そして、自分で実験もやってみるであろう。技術や家庭にかんする作業科目を中心として、そこに発生するさまざまの問題を、子ども自身が自分の問題として積極的に解明しようとする。これがいわゆる問題解決学習の原型である。こうした学習の過程をへて子どもたちに自発的な能動性と社会的責任の倫理がやしなわれるとすれば、小型社会たる学校は、すばらしい価値をもち美しく調和のとれた大社会に対する、最高・最善の保障となるであろう。すなわち、学校は、国家・社会の「民主主義」へのもっともすぐれた手段であるということになる。

机はものがたる

いまの学校の教室をみると、机のならべかたはもうまったく先生のはなしをきくためにだけならべられている。子どもたちどおしがたがいに顔をみあわせて、意見をのべあうようには全然なっていない。教師対ひとりの生徒という関係が、ただ複数個おなじ教室に便宜上おかれているだけである。このような机のならべかたしか着想できない学校では、子どもどおしの協力や友情、あるいは、児童会、生徒会の運営をとおしての責任感、などを教育しようとおもっても、どだい、無理なはなしで

りとおっている。ある。教師の一方的なおしつけ教育が、かたちだけ児童会を通過するという疑似民主主義の姿をとってまか

生徒の机が、また、先生の講義をきき、筆記するためのものとしてしか、つくられていない。教室の机とはそういうものだという固定観念がわたしたちにまといついている。デューイによれば、生徒の机はその上で作業が十分にやれる仕事台でなければならない。きくためのものでなく、するためのものでなければならない。きくはたらきは受動的であり、あたまのなかでのしごとである。するはたらきは能動的であり、からだをじっさいにうごかすしごとである。しかも、問題解決のための作業とは、考えながら行ない、行ないながら考える作業である。しごとをすることをつうじてまなぶ、これが人間の本来の姿なのである。このような作業をすることを予想しない聴講用の机では、生徒の自主的な能動性をやしなうことは不可能である。ある学校では、工作室や家庭科室には、作業をする机をそなえてはいる。しかし、生徒は、それらを「自分の机」だとはおもっていない。自分の机は、学級の室にあるただきくためにつくられた机であり、教壇のほうをむいて、せせこましくならべられている机なのである。

机のならべかたからいえる、もうひとつのことは、教師は子どもを十っぱひとからげにして、おなじ講義をし、画一的な授業でことたれり、としてしまいやすいということである。個性を生かし、それをのばしてやることが大切だとはわかっていても、このような机のならべかたしかないとおもっているようなあたまでは、生徒の人数が多すぎるということを理由にして、画一的授業からぬけだすことをしないですませてしま

ニューヨーク市の旧形式の教室（左）と新形式の教室

うことになる。個性を生かすということは、ある学科の点数がすこしよいことに眼をつけるだけのことであったり、あるいは、もっとひどいのは、この成績なら、どこどこの学校を受験すればまちがいないだろう、というような点数の優劣による進学指導だとかんちがいされている。こうしたことも、教育とは知識をつめこむことであるという方向に、知らず知らずのうちにおいやられている教師としては当然のことである。だから、当然、子どもも親も、点数ひきあげ策につかれはてざるをえない。その結果、教室に生き生きとした子どもはひとりもみられないというしまつになってしまう。ところが、子どもというものは、もともと、生き生きとしているはずのものである。かれらは、活動する瞬間において、個性豊かな生きものなのである。教室のそと、家庭、あそび場、となり近所であそんでいるのは、すべて生き生きとした個性的人間である。学校はこのことをみのがしてはならない。自由にあそんでいる子どもたちを一定のワクにはめこむことだけが、規律教育のただひとつの道ではない。規律は、子どもたちが、集団の作業をとおして、その必要を自分で発見し、つくっていくところに、生まれるものでなければならない。個性と規律とは別のものではない。

生活中心の教育

学校の教育は、教師や教科書を中心とする教育から、子どもたちの生活や興味を中心とする教育に、その重力の中心をうつさなければならない、とデューイは主張する。「子どもが太陽となり、その周囲を教育のさまざまのいとなみがまわる」のでなければならない。もちろん、家庭は重要な教育の場である。学校は家庭でやっていることを、より組織的に、より大規模に、より計画的に行なう。ここでは、まず、「生活」することが第一であって、この生活をとおし、この生活とのつながりにおいて「学習」が行なわれる。しかし、このことは、けっして、子どもたちを、すきなままに、ほうりっぱなしにしておくことを意味するのではない。教師の指導によって、子どもたちの生活からでてくる問題解決の要求を整理し、系統づけ、その解決のための方法・手段を探究させ、その探究の過程で知識とモラルを身につけさせるのである。

問題解決学習において、解決の目的がたてられれば、つぎには、そのための手段、方法を考えることになる。手段は目的によってきまってくるし、また、可能な手段がなんであるかということによって、目的のたてかたも一様ではなくなる。解決の方法のない目的は、目的としては無意義である。このように、目的と、それにいたるべき手段とは、けっして、ばらばらのものではなく相互につながりがあるのである。さらに、いくら理論がりっぱにみえても、それにもとづく実践が不可能であればその理論は正しくない、ということも問題解決学習をとおしてまなばれる。理論が実践を指導し、実践が理論をくみかえていくのである。理論と実践もまた別個のものでありながら、じつは、人間の探究活動においてはおなじ根からでてくるものにほかならない。

デューイ哲学は、本来、精神と物質、自由と必然、事実と価値、個と全、理想と現実、というようなさまざまの対立する概念を、人間の行動というものを根拠にすることによって一元論的に説明することを、その重要な課題としたものである。かれはギリシア以来の伝統的な哲学がこれらの概念を二元論的にとりあつかってきたのは、支配階級と被支配階級との両極の社会階級の存在を当然とする思想のあらわれであって、人間に差別をみとめない民主主義の思想の容認するところではないと主張した。このような、一元論的なもののみかたが、かれの教育理論に適用されるとき、目的と手段、理論と実践の統一的見解としてあらわれてきたのである。教育こそ、かれの一般的な哲学理論をじっさいに検証しうる最適の活舞台であった。

デューイの教育理論にも、現在の日本のおかれている状態に、そのまま適用できない部分が多くあることはいうまでもない。その第一は教育を社会の最高の機能と考え、教育をもって民主的社会の保障とするという、教育に対する過剰な期待である。教育にはたしかに社会の自己改造の機能という側面があるが、教育さえ理想的に行なわれれば社会の民主化はおのずから可能であるとすることは、あまりにも楽天的でありすぎる。デューイがいうように、教育もまた一定の自然的・社会的条件のもとで行なわれるのであって、教育をうごかすものには、教育外的な政治、経済、宗教などの要因があり、これらの改革なしには教育の改革もまた不可能であることは、すでにあきらかであるといわなければならない。知育偏重、暗記万能の教育も、けっして教師や学校だけの罪ではなく、政治や経済の機構がそれらの基本的原因をなしている。

さらに、技術科や家庭科を中心とする問題解決学習は、理論的にはうなずける点が多くても、教員組織、担任生徒数、学校の設備、施設などの点で、全面的に同意できないし、また、これら二教科以外の教科においても、作業をつうじての共同学習が可能であるとおもわれる。しかし、すくなくとも、既成の学問体系からの借用知識を、系統学習の名においてつめこむことを意図しているいまの教科書や授業形態への警告として、デューイの指摘は重要な意味をもっているといわなければならない。

このほかにも、批判されるべき点は、いろいろあるとおもうが、しかし、デューイが、教育をどこまでも民主主義の実現、民主的社会の成長を目的とする社会の自己機能としていることと、教育の場における子どもの人間性の尊重を徹底的に主張していることは、いくら強調しても強調しすぎることのない正しい姿勢である。教育の無力を指摘することはやさしい。しかし、それであるからこそ、その無力な教育のなかで、人間としてできるだけの努力をすることは容易なことではないのである。教育について楽天的だという理由でデューイを無視することは自己の教育的努力を放棄することにひとしい。

社会哲学

――民主主義の理論――

社会の心臓部

アメリカのプラグマティズムは、その創始者のパースにおいては、社会問題には無関係の論理主義の哲学であった。パースは宗教的な心情や道徳的な関心を心の奥ふかく秘めてはいたが、かれの哲学を、そうした社会的な人間の実践的課題を直接に解明する学問とはしなかった。パースは結局、実験室の気むずかしやにとどまった。アメリカと全世界に、「プラグマティズム」の名を流布させたジェームズは、医学、心理学を専攻したモラリストであって、書斎と大学の研究室とのあいだを往復し、たびたび講演にでかけ、かなり社会の問題にも関心をよせたが、みずから社会問題の渦中にとびこむところまではいかなかった。

ところが、プラグマティズム思想史における第三の男、ジョン＝デューイは、南北戦争、産業革命、第一次世界戦争、世界経済恐慌、第二次世界戦争と、ほとんど一世紀にわたるながい生涯を生きぬき、そのあいだに、いわばはしりまわる進歩的文化人として、多種多様の政治問題、社会問題に首をつっこんだのであった。ジェームズが教育を個人の能力を十分に開発することを目的とするものと考えたのをさらに一歩すすめて、デューイは教育を人間の社会の最高の機能、人間の制度の問題として考察し、自分で教育上の実験をも行ない、教員組合、PTA、大学教授連合などにも直接タッチして、教育をつうじての民主主義の実質化を意図した。プラグマティズムというアメリカ精神の自覚形態は、パースの論理主義からジェームズの道徳主義をへてデューイの教育主義へと発展、移行したものとみることができる。

道徳も教育も、人間の経験をより悪からより善へと、たえずてわたしていくという点において同一のプロセスをとる、とデューイは考える。デューイの社会観によれば、道徳は社会構造の枢軸部に、探究および生活とからみあって、社会全体をささえる位置にあり、そとからは直接にはみえない。そして、その頂点において教育となってそとにあらわれ、社会全体の要のやくをしている。つまり、社会の目標を自覚的に達成するように努力するのが教育であり、この教育を内部からささえているのが道徳である。いいかえれば、教育とは道徳をバックボーンとして社会の成長をはかることであり、道徳とは教育を前面におしたてて社会の成長をたすけるものである。だから、デューイは、人間の社会性の心臓部は教育にあり、かつ、言葉のひろい意味で道徳とは教育である、というのである。

人種、性、階級あるいは経済状態の別なく、人間ひとりひとりの能力を解放し、発展させるのが、政治、経済、学問、芸術、宗教など、すべての社会活動、社会制度の目的でなければならず、これらの諸活動は教育にむかって集中するのであるが、どの程度それぞれの目的の達成に成功するか、ということによって、その価値は判定される。この価値を最高度に保証するものは、社会のすべての成員が、あらゆる面においてひとしく、自由に発展することをねがうところのもの、すなわち、「民主主義」にほかならない。すでにのべたように、民主主義とは、社会をあらわす円錐体がもっとも均衡のとれた直円錐の状態にあることをさすのである。

絶対からの解放

民主主義とは、たんに政治上の制度のことをさすのではなくて、社会生活のしかたの全体を総称する言葉であった。しかし、もちろん、民主主義が外的にもっともはっきり表現されるのは政治制度においてである。政治はその権力をもって、ほかの社会領域に対してつよい影響力をおよぼすところのものである。だから、ある社会において、教育をはじめとする社会の全機能が、民主的に行なわれ、社会が全体として民主主義の方向にむかっているかどうかは、その社会の政治の状態をみれば一番よくわかる。

わたしたちは、デューイが、歴代の大統領選挙において、だれを支持したかを、もういちどおもいおこしてみよう。

セオドール=ルーズベルト

一八九六　民主党ブライアン
一九一二　革新党セオドール=ルーズベルト
一九二四　進歩党ラフォレット
一九三二　民主党フランクリン=ルーズベルト

一九三六　自由党を組織して、ルーズベルトを支持

一九四八　この年には、共和、民主両党によって代表される独占資本に対抗して、ヘンリー＝ウォーレスの進歩党が結成されたが、デューイは、ウォーレスを非難した。

デューイはこのように、大統領選挙戦のさいには、めだった第三党が結成されると、それの支持にまわることが多かった。かれは、アン・アーバー時代に、ある期間、両親と同居したことがあったが、そのとき、父親は、デューイが共和党をあまり支持しないので気をわるくしたことがあったようであるが、そうかといって、民主党をとくに支持したわけでもない。要するにかれは、特定の政党の常習的なファンではなく、どの政党であろうと、そのときの条件において、もっとも民主的な政策をかかげた政党の候補者に投票した。そこで、いつでも農民や労働者の味方になることを宣言した党を支持したのである。ただし、第二次世界戦争後の一九四八年にウォーレス反対の立場をとったことだけが例外である。いわば、かれは、たいていの場合、第三党を支持したのである。これは、既成の観念にとらわれることなく、固定した状況を打破して、つねに、あたらしい生きかたを探究したデューイには、ふさわしい態度であった。かれは、いつも「浮動票」を投じたわけである。しかし、それは、たんに人気に左右される不和雷同の浮動票でなかったことはいうまでもない。

かれは絶対的なるものに対して生理的な嫌悪感(けんをかん)をもっていた。絶対者の説教をききいれなかったし、みずからも、他人に自己の意見をおしつけなかった。人間は浮動票の投票者であることにおいて自由であるとお

なじように、他人から強制されず、自分も他人を強制しない立場をとることにおいて自由であるのである。デューイの弟子のガイガーは、デューイほど、他人を道徳的に教化するということに我慢のできなかったひとはなかった、といっている。自分が不完全な人間であるのに、他人に道徳を教育するなどということができるであろうか。ソクラテスのむかしから、道徳はひとに教えうるものかどうかは論争の種であった。道徳の知的側面は、それが知識であるかぎりひとに教えることはできる。しかし道徳の本質は実践にある。そして、いかなる人間といえども完全に道徳的であることはできないから、道徳の実践面については、教育するということは不可能である。ただ、できることは、おとなとはいえ不完全な人間ですがこのように努力していいます、といって正直にやることだけである。そして、それがただひとつの道徳教育である。先生ぶり、聖人ぶるのは、それ自体「不道徳教育」の見本である。デューイは、どこまでも、民主主義の本質を自由においた。自由は、既成の政党、既成の宗教、既成の教育など、いっさいの既成の権威や概念から解放されて、自分の意見でふるまうことにほかならない。かれは、政治的には、徹底した自由民主主義者であった。

オーケストラの指揮者　社会にかんするデューイの思想は、社会心理学の立場からかかれた『人間性と行為』にとどまるかぎり、人間本性についての科学的研究がすすむにつれて、やがては、こえられるべき運命にある。しかし、かれの社会哲学にかんする、より重要な文献は、『公衆とその問題』（一九二七）である。

政治的民主主義の実現の機関としての国家もまた、社会組織のひとつであり、その機能はオーケストラの指揮者に似ている。つまり国家は、役人によって執行される公衆の組織体であり、その成員によってわかたれる利益を守るための組織である。これは、きわめて平凡な定義のようにみえる。しかし、発展しつつある国家というものについては、それが固定していないがゆえに、平凡な定義しかできない。ことこまかに詳細に定義しうるということは、すでに発展をやめた過去の遺物についてのみ可能なことなのである。

国家は複数の要因からなる。人種、文化、階層、地域、そのほかあらゆる種類の多元的な単位が国家を形成している。国家がオーケストラの指揮者であるという意味は、この多数の単位演奏者をコントロールし、そのはたらく場所と時期を指定してやるからである。このように、国家はけっして単一体でもなければ、また、固定的でもない。この理論は、いうまでもなくアメリカのはてしなき空間にひろがる国家の現実がデューイの社会哲学に反映したものである。デューイは、国家について多元主義をとったとおなじく、歴史の解釈においても多元主義をとる。歴史を決定していくものは、けっしてたんに経済的要因とか精神的要因とかの、固定したひとつの原因ではなしに、多くの原因がはたらきあうのであり、そこから生じる結果も、歴史的必然性の法則などという絶対的な真理のようなものによって生じるのではない。歴史の因果関係は不確定なものであって、これを確定的なものにするのは、歴史に参加するひとりひとりの人間の自由な決断による行動なのである。だから、人間の自由な知性こそもっとも民主的な武器として、きたえておかなければならないわけである。

これと、まったくおなじことが、国家のうごきについてもいわれる。人間の世界というこの活動の劇場においては、見物人であることは神と天使にだけゆるされる、とデューイはいっている。人間はだれでもがアクターである。すなわち、行動者であり俳優である。かれは、いつも、なんらかの行為、ふるまいをしなければならない。かれの行為やふるまいは、舞台監督や演出者によって統制されるが、かれは俳優として個性ある演技をすることをもとめられる。俳優に個性がなければ舞台の全体が死んだものになってしまう。これとおなじで、国家内の多数の価値主体や行動主体が、それぞれの個性ある演奏をするからこそ、オーケストラはすばらしいものとなり、その指揮者の能力もまた十分に発揮される機会をもつことができるのである。

フランクリン＝ルーズベルト

ところが、すべての組織はけっしてそれ自身ひとつの目的ではない。むしろ、組織は個人のためにつくられるのである。個人が組織に優先する。国家も一個の組織である以上例外ではありえない。国家のために個人が死ぬ、などということは本末転倒のあやまりである。公共の福祉という美名のもとに、個人の基本的人権が害されることはゆるされない。政党のために個人の生活が犠牲になることも自由に背反する。モートン＝ホワイト[1]もいっている

1) モートン＝ホワイト、『分析の時代』、一七五頁。

ように、「政治にかんしては、デューイの見解は、自由な社会のための人間のたたかいにおいては、知性が人間の主要な武器であり、そして、すべての形式の全体主義、すなわち、コミュニズムあるいはファシズムは人類の敵である、ということであった。」デューイは、この左右の両極端のまん中をとってすすむ第三の道として、科学的方法と実験的知性によって補強される、戦闘的な、「活気にみちた、勇気ある民主的自由主義」を理想とした。そしてこれがかれの支持した各大統領候補者たちに期待されたのであり、そのうちでも、もっとも実現の可能性にとんでいたのが、フランクリン＝ルーズベルトがかかげ、実践した政策であった。経済政策の点からいえば、かれは、ニュー＝ディールにみられるような修正資本主義の諸政策を支持した。かれがウォーレスを非難したのは、その政策が自由主義を否定するものであったからである。

平和

わたしは、さきに、第二次世界戦争後に、デューイは、世界連邦政府を樹立することによって世界の平和の達成と維持とが可能になる、という思想をもつにいたったとのべておいた。それは具体的には、いかなるものであったか。かれの生涯の最後の時期において、この老哲学者が到達した平和思想についてのべておこう。

デューイが、戦後にかいた世界の平和の問題についての見解は、本質的には戦前とかわってはいないが、理論としてはより徹底しているといえる。

(一) 現代の悲劇　現在、世界は、各個ばらばらの国家群からなり、それぞれの国家が外部にむかっておのれの主権の絶対性を主張している。国家間の協調ではなくて戦争体制が、依然として、世界を支配していることが現代の悲劇である。この戦争体制において、武器としての原子爆弾のごときものが製造され、使用されるということは、人間がその知識を人類の幸福のためにもちいるべきであるという本来の姿に矛盾する。人間の知識が人間の不幸のためにもちいられることは、価値の本末を転倒していることにほかならない。

㈡　戦争の原因　あたらしい世界の経済機構は、当然、世界市場を要求する。商品は国内市場をのりこえて、海外へどんどん進出しようとする。ところが、政治機構はふるい国家主義的な国家至上という観念によって相互に閉鎖される。そこで、ある国の経済機構の拡大伸張への要求は、その閉鎖性のよわい国、あるいは、地域にむけられる。この国や地域には、また、別の国々の経済機構拡大の要求もむけられてくる。そこで、国家主権の絶対性の観念を背景として経済勢力間の衝突がおこる。デューイは、このように、現代の戦争の原因を政治機構と経済機構のありかたの矛盾というところにもとめる。

㈢　政界政府の可能性　各国の決意いかんによっては、世界政府の成立も運用も可能である。この可能性を否定するものは、冷淡な人間か、または、敗北主義者にほかならない。しかし、世界政府は、ある一国が世界全体を強力に支配してひとつの政府をつくるというやりかたのものでもいけないし、各国の武力の均衡の上にたった平和政策によってもたらされるものでもいけない。こうしたやりかたでは、戦争体制の持続という結果をみるだけである。永久平和を完全に保障する世界政府は、各国民の自発的協力によってのみ可能であり、したがって、この政府は、各国民が伝統的に保持してきた固有の文化や価値を擁護(ようご)するものでなければならない。

(四) 前提条件　結局一番大切なことは、各国の政治的支配者および人民大衆が、世界社会機構の一員として協力しうるように、各国の政治制度を変革することである。それはかれらの勇気と精力と意志にかかっている。この方向に国家をもっていくには、支配者および大衆の排外的な愛国心や侵略主義的な支配欲を放棄しなければならない。このふたつの心こそ戦争体制的な世界の組織を是認し、合理化しようとする元凶だからである。

(五) 決断と選択　わたしたちが、誠実と忍耐と勇気とをもって、たがいに協力していこうと決心すれば、世界の状況の安定と調和と自由の拡張とは、もはや、幻想(げんそう)ではなくなるであろう。世界社会の夢を実現すべき手段と資材は、なお、わたしたちの手中にある。すなわち、国家の意志を決定していく力は、民主的な制度においては、最後的には人民の手中にのこされている。これらの手段と資材をもって、世界を自殺的破滅にみちびくか、あるいはまた、すべてのひとびとのために、よりよき世界をきずくべくうまざるまことの協力的努力をするか。これこそ、わたしたちが現在当面する決定的なわかれ道なのである。

以上がデューイの「世界政府論」の概要である。戦争の原因については、人間の好戦的本能といった生物学的概念ではなくて、政治と経済の矛盾という社会科学的概念をあげていることは、かれの社会哲学研究の成果である。ただ、残念なことには、世界政府の組織方法の具体的提案がなされず、結局、各国民の道徳的な決断に最後のよりどころがもとめられているにすぎない。これでは、かれの世界政府の主張も、ひとつの

「神話」としてかたつけられてしまうことになる。だがしかし、年齢八十五歳をこえた老デューイの発言に具体性がないからといって、これを非難することができるだろうか。むしろ、かれのおとろえを知らぬ勉強と気魄(きはく)に拍手をおくるべきではないのか。わたしたちは、かれのように、ほんとうに決意してたちあがれば可能となることがらについては、どこまでも理想をかかげていくべきなのである。理想を追求するはずの哲学者が、現実にこだわる政治家の政策を弁護するだけでは、哲学者と名のるにふさわしくないであろう。

論理学

――探究の理論――

人生は問題の連続

デューイは、『論理学』の原稿を、たいていは、カナダ東海岸のノバスコシア半島の別荘でかいた。その初版は一九三八年にでたのであって、原稿をかいているさいちゅうに、トロツキー査問委員会の委員長としてメキシコにいき、トロツキーの証言をききとるなど、社会的活動にも没頭した。晩年に結婚したロバータ夫人が、日本の永野博士にかいた手紙によると、この別荘の小屋はお粗末なもので、ガスも電気もなく、トイレットは家のそとの森のなかにあった。風呂は家のすぐまえにある湖水を代用した。毎年、ここにくると、デューイは薪をきって炉に火をおこした。ロバータにいわせると、「それはもう、まったく、開拓者の労役」だった。毎朝七時におきたあと、デューイは湖水に水浴にいった。朝食がすむと、タイプライターで『論理学』のしごとをつづける。ときには、かれがかいならしていたかわいいシマリスが背中からはいあがってきて肩にのぼる。かれはそれに、ときどき、ピーナッツをあたえては、また、タイプライターをうちつづけるのであった。

デューイは、すでに、論理学関係のしごととしては、『論理学理論研究』（一九〇三）および『実験的論理学論集』(一九一六)を公けにしていた。かれは、論理学という学問は、人間がその生活のなかで行なっている、さまざまの探究活動の過程を構造と機能の面からあきらかにすることを目的とする学問だという信念をもっていた。したがって、論理学は、人間があたらしい問題にぶつかったときに、その問題を解決するための態度を正しいものにし、努力をむだのないものにするのにやくだつ学問でなければならないと考えた。

第二次世界戦争後の日本の教育では、よく、「問題解決学習」ということがいわれる。学校でなされている教育のなかでも重要な部分をしめる教室での授業は、児童や生徒が関心をもち、なんとかして解決しなければならないと考えているような問題を中心として展開されるべきであって、ただ、あることがらについての知識のみをつめこむことではないというのがその基本的な考えかたである。つまり、学習はつねに問題解決のための学習でなければならないというのである。これは教育が人間の日常生活と密着したものであることを期待するならば当然のことである。

ノバスコシアの海岸風景

人間の生活は、もともと、問題解決のための努力の連続である。ひとつひとつの行為は、かならず、なにかの目的を達成するためのものになっている。なにか特別の目的を意識しない行為であるようにみえても、よく考えてみると、それもきっとなにかの目的をもっている。たとえば、職場のいやな人間関係や借金の問題、入学試験や恋愛のこと、そのほかさまざまのわずらわしいことをのがれ、わすれて、のんびりと野原の道を散歩することは愉快なことであるが、この散歩はなにも目的をもってはいないのだろうか。これは、わずらわしいことがらの解決とは無関係ではあるが、それらのわずらわしさからのがれること自体を目的としているのではないのか。あるいは、野原の空気にふれ、緑の木のまをあるくこと自体を目的とはしていないか。あるいは、生活に変化をもたらし、健康を増進することを目的とはしていないか。さらに、もっとこまかくみれば、この散歩の途中で、泥によごれないようにと水たまりをとびこえたり、タバコに火をつけるためにマッチをすったり、やすむために草原に腰をおろしたりするではないか。そして、家へかえるために、途中からひきかえすではないか。いや、とにかく、あるくために、足を交互に上にあげ、まえにつきだしているではないか。

この場合、なぜこれらの目的を目的としてえらんでいるのかということは重要な問題ではない。目的は、いつも、意識されているとはかぎらない。しかし、それにもかかわらず、人間の日常生活はつねになにかのことを解決するための努力、つまり探究、の連続なのである。つまり、人生とは、いったいこの場合どうすればよいのかという探究活動の連続そのものである。

いろいろの探究

探究には、常識的探究と科学的探究の区別があり、さらに後者には、自然科学的探究と社会科学的探究の区別がある。たしかに、このような区別はあるが、本質的にはいずれも探究としておなじ論理的性質をもつ、というのがデューイの信念であった。

子どもが腹がいたいといってなく。母親はなにをたべたかときいたり、水をのみすぎはしなかったかと考えてみたり、寝冷えはしなかっただろうかとおもってみたりする。そして、富山（とやま）のクスリをのませたり、薬局へはしったりする。これは常識的探究である。これで首尾よくなおればよいが、なおらなかったりすると心配になって、子どもを医者へつれていく。医者はいろいろ医学的にしらべ、診察をし、その結果にもとづいて診断をくだし、処方箋をかく。これは科学的探究である。しかし、それは、母親のやりかたにくらべてみてより科学的だということであって、医者としては、まず常識化していることをやっているにすぎない。常識と科学の差は、本質的なものではなく、ただ、どの程度、客観的にためされた経験をもとにしているかということの、程度の差にすぎない。つまり、客観性とか合理性の大小の問題にすぎないのである。論理学は、人間が日常生活で行なっているさまざまの、常識も科学もふくめての、探究活動そのものをその構造や機能やプロセスに着眼して、探究してみようとする学問である。それは人間の生き生きとした生活から遊離した天上の世界から人間におしつけられる超越的な論理を思弁的にでっちあげることでもなければ、現実的内容をもたない文字や記号の形式的分析にふけることでもない。デューイは、弁証法自体のもつ思弁性についていくことができなかったと同時に、第一次世界戦争後、ドイツからのがれてきた学者たちによってアメリカに流行させられた分析的論理学に対しても嫌悪を感じた。

つぎに、探究には自然の探究と、社会や文化についての探究とがある。前者は自然科学に、後者は社会科学によって、それぞれ代表される。十八世紀以来の、産業、科学、技術などの発展によって、自然の探究はいちじるしい発達進歩をとげたが、それにくらべると社会科学はまだまだおくれており、とくに人間の文化や思想をとりあつかう人文科学や精神科学は、まだあいわからずギリシア・ローマあるいは中世の古典的方法にとどまっていることが多い。自然の探究は実験や観察にもとづき、それを基礎にして一定の理論をくみたて、さらにこの理論を基準として、ふたたびあたらしい実験、観察を行なう、というやりかたをしていくのに、社会や文化や思想の探究は、あいかわらず、人間の経験をこえた真理をはじめから前提して、すべての現象を、この前提された絶対的真理によって説明しようとすることが多い。したがって、自然の探究と社会の探究とが、たがいに、矛盾する結果になる場合がしばしばでてくる。進化論とキリスト教信仰との衝突は、このことのもっとも顕著な例である。

人間、だれにせよ、神に対して敬虔な祈りをささげることはかれの自由である。それはかれの心のなかの問題であって、他人がとやかくいうことはできない。それと同様に、かれもまた、自分が信仰する神を他人におしつける権利をもたない。宗教は個人の心情の問題であって、社会的な権利・義務の問題ではないのである。それなのに、宗教というものが教会とか教団とか宗派の組織や制度に依存するようになると、神仏が社会的な拘束力をもち、人間の社会的権利・義務という世俗のことがらにくちばしをさしはさむというあやまりをおかすことになる。人間をこえた絶対的な力は、多くの場合、特定の個人や、その個人が属する特定の家系にのりうつり、そこに姿をあらわして、人間のあいだに権威や身分や階層の差別をひきおこす。そして、この力を民族とか国家の意志にしたてあげ、それにしたがうことが「大義名分」であるなどというごまかしが通用するようになる。

宗教にかぎったことではない。社会的な探究活動の多くは、自然の探究とはことなった神秘なるものへの探究という性格をもちやすい。科学によってわりきれないものが、まだ、多分にのこっているからである。しかし、そのことは、社会的探究が自然的探究の方法や原理を永遠に使用できないということを意味するものではない。人間の社会もまた自然の進化の延長線の上にあらわれてきたものであって、自然の論理が最後的には人間の社会、文化、思想をもつらぬいて支配するからである。自然的探究と社会的探究とは、同一の論理的な構造と機能とプロセスをもつ、というのがデューイの論理学の基本的な立場である。

探究の構造

わたしたちは、いつも、身のまわりのいろいろの条件に左右されて生活しているが、たいていの場合、習慣的にことを処理してあまり不便を感じないですんでいる。ところが、身のまわりの条件に急激な変化があったり、わたしたち自身の状態に異変があったりすると、おちつきをうしなって、心身が不安定になる。このことは、すべての有機体とその環境とについてもいえる。有機体と環境とは一定の状況をつくっているが、この状況が不安定となるのである。よく、現代は不安の時代だといわれるが、人間はかれ自身がつくりだした現代社会において、なにが原因でそうなるのかはっきりしないが、とにかく、いらいらし、あせり、さきをいそいでいる。じっとしていることが不安なのである。なぜ不安なのか。不安の原因が明確でないことも、また、不安をさらに大きくする。原因がわかったらそれをのぞけばよい。とにかく、不安の原因をつきとめよう。こう考えて、一応の見当をつけてみるところまでいけば、それだけでもかなり、心はおちつくことができる。なにしろ、現代のわたしたちは、自分が不安でいらいらしていることさえわすれて、それがあたりまえのことだとおもって、たがいに、おしあい、へしあいしているのであるから、不安を自覚するだけでも大きな前進だといわなければならない。このように、不安の原因に一応の見当をつけて、とにかく、それをつきとめ、とりのぞくように努力してみようと決意したとき、わたしたちの探究活動ははじまる。不安定、不確定な状況において、その不安定さや不確定さの原因はなにか、それをつきとめ除去することが問題だ、というように、わたしたちの姿勢が確立するときが探究の出発点である。これはデューイによって、問題設定の段階とよばれる。

このようにして、問題が一応はっきりすれば、つぎには、どうすればこの問題を解決することができるかを考える段階にすすむ。幾何の証明問題がでたら、垂線をおろすとか、円をえがいてみるとか、いろいろの方法をあれこれおもいめぐらす。テレビがよくうつらないのは、真空管が悪いのではないか、とりかえてみよう、と考えてみる。つまり、あたえられた問題を解決するには、まずこれまでの経験を基礎にし、現在の状態を考慮して、解決の方法を模索するのである。これは、設定された問題を解決するための仮説をたてる段階である。いいかえればアイディアをだしてみる段階である。

この着想（アイディア）にもとづいて、いよいよ、問題解決にてをつけることになる。そのとき、実行のてはずや、そのなりゆき、その結果がまずもってみとおされるはずである。このみとおしが非常に困難な場合でも、とにかく、問題を解決するには一度やってみなければならないし、やってみる以上、どんなにぼんやりしたものでも、一応のみとおしがたてられる。実行の手段が全然なかったり、結果のみとおしがまったくたたない場合は、設定された着想、アイディア、仮説に無理があるのだから、仮説のたてなおしが必要である。さて、このようにして、仮説にもとづいて実行した場合の、なりゆきとか結果を、現在の諸条件からまえもって計算し、みとおすはたらきを探究における推論の段階という。つぎにくる段階は、いうまでもなく、実行そのものである。学問的な探究なら実験がこれに相当する。

この実験によって、仮説の正しさがためされる。推論によってみとおされたとおりにことがはこんで、最初に設定された問題がうまく解決されれば、その仮説は正しかったのであり、推論どおりにいかなかったとすれば、仮説は全面的にまちがっていたか、あるいは、すくなくとも、どこか部分的にまちがっていたのである。仮説が検証されて、それが正しいということが証明される場合には、最初の不安定な状況は安定をとりもどし、有機体と環境との関係は調和・均衡の状態を回復する。仮説は、ここで、もはや仮りのものではなくて、正しいということが保証された命題になる。探究は一段落する。有機体は、探究活動の経験をつうじて、ひとつの保証づき命題、すなわち、真理なる知識を獲得したことになる。探究とは、このようにして、経験的知識を増大させていく有機体のはたらきのことである。

以上を要約すれば、探究の構造はつぎのようになる。

①不安定な状況──→②問題設定──→③仮説──→④推論──→⑤実行（実験）──→⑥保証された命題

おお牧場はみどり

以上のべた探究の構造、すなわち、探究の手順は、すでにのべたように、常識の立場でも科学の立場でもすこしもちがわない。ただ、常識的に探究するには、かならずしも①から⑥までの各段階を意識しているわけではなく、どれかの段階を簡略化したり、省略してしまうことが多い。ことに、仮説をたてる段階では、いろいろおもいめぐらして、やっと、ひとつの仮説におもいあたるひともあれば、なにかのきっかけで、ぱっと、よい着想「グッド・アイディア」にいたるようなひともある、というように世はさまざまである。推論の段階でも、「石橋をたたいてわたる」ほどに慎重に考えていくひともあれば、はやのみこみで失敗するあわてんぼうもいる。あるいは、ひどいのになると、実行もしないで結論としての保証された命題を獲得してしまったとするひともある。「まあ、いってきたことにしておこう」などといって、出張の報告書をだしたりするのがこれである。しかし、こうした、常識的探究でも、それが探究であるかぎり、①から⑥までの六段階を通過するのであって、各段階が明確に意識にのぼってこないというだけのことである。

保証された命題が、ひとたびえられたからといって、それでいっさいの状況が安定し、問題がなにもなくなってしまうわけではない。その状況は、ふたたびあたらしい問題をはらむようになり、やがてまた、不安定な状況へとおちこんでいく。状況は刻々にかわるものであり、人間はたえず成長するものだからである。このあたり、デューイの思想は、まったく、ヘーゲルばりである。人間はその問題解決の探究活動をつうじて、よろこび、いかり、かなしみ、たのしむ。喜怒哀楽は成長する人間の努力につきまとう本然の感情である。人間のみとおしも、行動も、けっして、絶対に完全であることはできない。かれはまちがう。あやまりをおかす。だからこそ、いかりもあり、かなしみもあり、なやみもある。「人間は努力するかぎりあやまりをおかすものである」(ゲーテ『ファウスト』)。したがって、また、努力するものには、よろこびやたのしみもあたえられる。かなしみのないものに、よろこびはなんの意味があろうか。なやみのないものに、たのしみはなんのたしになろうか。なやみの多いことをうれえる必要はない。むしろ、なやみの原因となっている問題に、勇敢にぶつかっていく実行力や意志の弱さをこそうれえなければならない。

探究の構造における①から④までは、主として、あたまのなかのしごとであり、ただ⑤だけが、実際の行動として、そとからみてわかる部分、つまり、探究の客観的な側面だということは非常に重要な意味をもっている。この⑤がなければ、①から④までのことは、ナンセンスであり、当然に⑥もえられることはできない。探究活動を生かすも殺すも、それは⑤の実行あるいは実践にかかっている。探究とは本来、行動の一種なのである。いくらあたまのなかで、あれこれおもいわずらっても、実行のともなわない観念の操作だけでは、人生の諸問題は解決できない。要は、やってみることだ。

思弁にふけっている奴は
枯草の野にいる馬みたいなもので
悪魔にぐるぐるひきまわされているのだ

そのそとにはいたるところ美しいみどりの牧草があるのに　（『ファウスト』）

わたしたちは、すでに、ジョン＝デューイをはぐくんだ清教徒的開拓者精神にみちたわかいアメリカにおいては、行動をうちでの小づちとみたところの、実行型の人間が理想とされてきたことを知っている。デューイの論理学にあらわれた探究の理論は、この実行型の人間が、自分の実行・行動のもつ意味を反省したところにでてきたものにほかならない。もちろん、こうした反省は、すでに、パースやジェームズによって着手されていた。しかし、デューイの場合は、かれ自身が思弁の世界にとどまることなく、教育をはじめとする各種の社会的実践にのりだして、自分の哲学や思想を、たえず、きたえなおしたというところに、パースやジェームズにはみられない、独自のふかい意味がある。かれは、「なすことによって学ぶ」"Learning by doing" ということを教育のモットーとした。これは、かれの探究理論とてらしあわせてみるとき、かれの教育理論が、いかに、かれの哲学・論理思想と本質的につながりをもつものであるか、ということをしめしている。

探究の性質　デューイによれば、すべての探究は、一定の文化的条件をそなえた社会において行なわれる。探究は社会という文化的母体をもっている。しかし、この文化的母体は、一一八ページの第二図にしめしてあるように、一定の自然的条件を基礎とし、その上に、政治、経済、学問、芸術、宗教などの領域をそなえ、その枢軸部に教育という機能をもっている。そして、それ自体が、人間の道徳、探究、社会生活のごとき行動にささえられている。行動は、もちろん、時間と空間とのふたつの原理に左右される。空間の原理は行動を一定の自然的・地理的条件のもとでひきおこし、時間の原理は行動を一定の文化的・歴史的条件をになうものにさせる。探究の文化的母体というのは、このようにして、地理的・歴史的な特定の条件をそなえるものとなる。

つぎに、探究は、すでにみたように、一段落をしたからといって、それでおわりになってしまうものではない。ひとつの探究は、かならず、それにつづく別の探究の機縁となる。わたしは、NHKの生活改善にかんする放送で興味ある例をきいたことがある。それは、ある山村でのはなしである。飲料水を部落の低地の泉からくみあげなければならなかったこの村では、主婦を水くみ労働から解放するために共同で簡易水道をもうけた。台所で蛇口(じゃぐち)をひねると、水がじゃーっとながれでて便利になった。いままでは、台所の川べりにしゃがんであらいものをしていたので、さして苦にならなかった台所の暗さは、蛇口からながしに水がでるようになったために、たったままの姿勢で水しごとをするようになると、急に不便に感じられてきた。そこで、つぎの台所改善工事として壁に窓をあけた。ガラス戸をとおして光がさしこんできた。なんと柱や壁がすすけていることか。いままで気がつかなかった台所のススはいかにも不衛生である。第三番めの台所改善工事はかまどの改良であった。このようにして、台所がいごこちのよい場所になったのをきっかけにして、ほかの室にも改善の手がのび、寝間(ねま)にも窓をつけて光をとりいれた。すると、光にてらされてとぶほこりが眼につき、ついに、農家の伝統的悪習である万年床がやめられることになった。

この例は、もちろん、科学的な探究ではなく、常識のレベルにおける「生活の探究」といったところである。しかし、ここでいえることは、ひとつの探究に成功をおさめたことが、すぐに、つぎの探究をはじめる動機となっていることであり、また、あとにつづく探究は、けっして、ひとつにとどまることなく、複線化し、末ひろがりにひろがっていく可能性をしめすということである。デューイは、探究のもつこの性質を、『論理学』においては、「不断のリズム」とか「無限の連鎖」とよんでいるが、わたしはこれを探究の「連鎖反応・末ひろがり・雪だるま方式・複利計算の論理」というように名づけることができるのではないかとおもう。

もうひとつ探究の性質について。それは、探究を実践することによって、その実践する人間そのものが変化・成長し、さらに、ひととひととの関係にも変革がもたらされるということである。問題解決の努力をするということは、不安定な状況を安定した状況へ変革することであった。状況がかわるということは、その状況を構成している主体たる人間が、ある意味で、かわるということでなければならぬ。わたしたちは、努力をつうじて、人間的に成長していくのである。そして、ひとりが人間的に成長するということは、かれがつくっているさまざまの人間関係がよいものになっていくということを意味する。すなわち、探究は、探究を行なう人間とその人間関係に無限の成長、進歩を約束するのである。

探究活動のプロセスに、科学とか技術とか機械をもちこんでみると、このことはいっそうはっきりする。

科学、技術、機械などは身分や階級や年齢や性別に関係なしに、すべてのひとびとに、きわめて容易に、その門戸を解放している。これらに従事しているかぎり人間は平等である。道路上で自動車を運転するときには、学歴も職階制もないし、主人・召使、店とその客、師弟、などのいっさいの区別もありえない。生命をかけた交通戦争では、交通規則をまもることだけがただひとつの倫理であり、運転者の技術だけがものをいう。しかも、多くの場合、因襲的に考えれば、地位がひくいとおもわれているものが、ダンプカーやタンクローリーなど、より技術を要する重量車を運転しているのであって、物理的な力ではちゃちな乗用車を圧倒しているのである。ここに、機械や技術がもたらす人間関係の変革のひとつのよい例があるといえる。したがって、探究活動がもし科学、技術、機械などの使用をつうじて行なわれるとすれば、これらのものが本来もっている合理性や客観性が、人間にはねかえって、人間をとりまく、くらい、非合理的な諸条件を解消するのにやくだつにちがいないであろう。

おわりに

デューイの九十回めの誕生日をいわう晩さん会は、一九四九年の十月、かれの名誉をたたえて、ニューヨークのウォルドルフ・アストリア・ホテルでもよおされた。この会にはすべての階層からえらばれた数百人の指導的な市民たちがあつまった。かれは、「人間精神のために世界的な規模でたたかった偉大な指導者」としてほめたたえられた。『ニュー・リパブリック』と『ニュー・リーダー』は特集号をだして、「デューイ九十歳誕生日の記念」のためにささげた。また、『タイム』、『ライフ』、『日曜文学評論』、『U・S・ニューズ・アンド・ワールドリポート』、それに『ニューズ・ウィーク』、これらの雑誌は、とくにデューイをたたえる論文や社説をかかげた。トルーマン大統領、当時の英国労働党政府のアメリカ駐在大使サー＝オリバー＝フランクス、および、当時のイタリア右派社会党副総裁のジュゼッペ＝サラガットなどから祝賀のメッセージがとどけられた。

共産主義者たちのなかには、この祝賀会のようすこそが、デューイの階級性をしめすものであるとして、悪口をいっているものがあるが、デューイがアメリカの大部分のひとびとから、すぐれた哲学者としての尊

1952年5月10日，死の前に一家でとった写真
（左からロバータ夫人，養女アドリエンヌ，その弟ジョン，右端がデューイ）

敬をうけていたという事実を否定することはできない。

二年半後にデューイが九十二歳の高令で死んだとき、新聞の『ニューヨーク・タイムズ』は、つぎのような社説をかかげた。

「ふたりの大学教授が、哲学にあたらしい生命と、この科学的な時代にふさわしいよそおいとを、そそぎこんだものとして光っている。それはウィリアム＝ジェームズとジョン＝デューイである。両者ともプラグマティストであったが、ふたりのうちではジョン＝デューイのほうが、アメリカ哲学に対して、より大きな影響をおよぼした。このプラグマティズムはジェームズ、デューイのいずれよりもふるいものである。それを開拓したアメリカの解説者は数学者のパースであった。パースは『常識主義』の哲学をとなえたのであるが、やはり、デューイこそが真にプラグマティズムの使徒であること、すなわち、ふつうのひとびとが多分かれらの判断の基礎をそこにおくような種類の経験の使徒であることがあきらかになったのである……」と。

デューイは、いつも、ふつうの人間のレベルにたってものを考え、発言した。日常の世界に生きている人間が、だれでもおこなっている「経験」から出発し、最後はまた、そこへもどってきた。哲学を一般人からはなれたところにある、かれらの手のとどかない、崇高な学問だなどとは考えない。かれの哲学は世俗のごたごたした生活のなかで、その生活自身が反省的に自己自身を論理的に理解しようとするいとなみなのである。デューイが、わたしたちにうったえるのは、哲学の教師としてではなく、哲学的にものごとを考えるということの意味をしめしてくれた人間としてである。この点では、デューイは、ソクラテス的な生きかた、学問のしかたを、わたしたちにしめしたのであり、また、ある意味では、カントの態度を実践したものといえる。もちろん、デューイの思想は、ソクラテスの主知主義ともことなるし、カントの先験主義ともことなる。デューイは、行動中心主義者であり、経験主義者である。

かれの背後には、一般的には西欧哲学思想史のながれのいっさいがあり、特殊的には、ピリグリム・ファーザーズ以来の清教徒の心情とフロンティアの精神がある。行動面ではベンジャミン゠フランクリン、情緒面ではウォルト゠ホイットマン、そして、理性面ではチャールズ゠サンダーズ゠パース。これらがデューイの哲学の直接の前走者である。ヘーゲル、ダーウィン、ジェームズはかれの思想に決定的な影響をあたえた指導者であった。そして、かれの父母、妻、交友のいっさいが、かれの思想の形成にあずかって、書物にまさる応援者となった。このひとたちのあいだから、一個の全体像としてのデューイの人間性が生まれてきたのである。かれは、つねに寛容でしたしみのある教師として、そして、かれをとりまく現実の社会の諸問題の解決に心をくだく良心的な哲学者として、たえずほほえみをもって、わたしたちにかたりかけてくる。

古典的な伝統と歴史的な現実。このふたつのものの相互の対決において苦闘する精神からこそ、現在の混乱した時代をみちびきうる哲学は形成される、というのがかれの弟子ランドールのみたデューイの信念である。歴史的現実をおいて哲学がみずからをきたえうる場所はない。現実に透徹していくことにおいてはじめて、ひとは、古典的伝統の鉱脈にぶつかるのである。過去のすぐれた思想家は、すべてかれの時代のかかえる問題を、まともにとりあげることに、自己の思想的課題をみいだした。そのしごとを徹底的にやりぬくことによって、はじめて、かれらはその時代を代表し、伝統につらなる業績をのこすことができた。古典的（クラシック）ということは、もとより、たんにふるいという意味の言葉ではない。クラシックというのは、ある種類のものを代表する典型的な、という意味をあらわす。哲学史、思想史にのこるほどの人物は、かれの時代の歴史的現実に対して真剣であったからこそ、その時代を代表しうる人物となったのである。このことは、そのほかのいっさいの人間の社会活動の分野にもいいうることである。特殊な問題をどこまでもつきつめることによって、思想は、普遍のレベルに顔をだすことができるのである。デューイは、まさに、そのことを、身をもって例証した思想家であった。

ジョン＝デューイを、あるいは、プラグマティズムの哲学を、やれ折衷（せっちゅう）主義、やれ妥協主義といってけなし、日和見（ひよりみ）主義だといってわらい、あげくのはてには、プラグマティズムは、アメリカ帝国主義の哲学である、と烙印をおして冷笑することは、それをやるひとのかってである。しかし、日本の歴史においては、プラグマティズムを排除することによって、いったい、なにをえたのであったか。昭和前半の戦争と、昭和後半の教育反動ではなかったか。日本では、いつも、保守派と革新派がいっしょになって、民主主義を眼のかたきにしてきた。

そのもっともよい例は、戦後の教育の社会科を中心にした問題解決学習のとりあつかいかたである。保守派はいった。社会科には国籍がない、どこの国の社会科か。道徳教育がなっていない、修身は必要だ。ばらばらの知識しかもっていないから系統学習が必要だ、と。革新派はいった。社会科はアメリカの植民地教育だ。国民白痴化の教育だ。あたらしいファシズム、ブルジョア自由主義教育だ、と。この両者の圧力の下で社会科は、誕生後十年もたたないうちに実質的には解体し、知識のつめこみ教育がはじまった。道徳の領域が、社会科の生きた舞台からきりはなされ、「道徳」の時間は授業のなかでも、一番やりにくい時間になってしまったのである。

デューイは、終始一貫、「知識（ノレジ）」ではなくて「知恵（ウイズダム）」をもとめた哲学者であった。かれが、最近のアメリカ哲学の主要な流派である「分析哲学」がおちいろうとしている、わずらわしい形式論理学的操作だけにあけくれる傾向をはげしく非難したのは、このひとたちが、哲学をあまりにも専門的な技術にかぎってしまうことによって、歴史的現実から眼をそらすおそれがあったからである。哲学あるいは思想は、人間の善意を信頼し、教育によってあたらしい人間の可能性を開発することに、すべての人間的努力を協力させる方向にすすむべきである、というデューイの信念は、哲学と教育にとってばかりでなく、すべての人間にとって、この狂騒の世に生きるときの心のささえとなるのである。

ジョン＝デューイ年譜

西暦	年齢	年譜	背景をなす社会的事件、ならびに参考事項
一八五九年		十月二十日、バーモント州バーリントン町に生まれる	ダーウィン「**種の起源**」、ミル「**自由論**」
六一	一歳		**南北戦争**(～一八六五)
六七	七		マルクス「**資本論**」
六八	八		日本、明治元年
六九	九		アメリカ東西海岸をむすぶ大陸横断鉄道完成
七五	一五	バーリントンのハイスクールを卒業してバーモント大学に入学	このころ「**形而上学クラブ**」によりプラグマティズム運動がはじめられる
七七	一七		ヘンリー＝ジェームズ「アメリカ人」
七九	一九	バーモント大学卒業、文学士となり、秋にはペンシルベニア州オイル＝シティーの高等学校の教師となる	
八〇	二〇		エジソン電燈発明
八一	二一	高校教師をやめてバーリントンにかえり、シャルロッテの	

年	年齢	事項	背景
八二	二二	小学校の教師となる。かたわらバーモント大学の哲学教授トーリーに個人指導をうける。ジョンズ-ホプキンス大学の大学院に入学、哲学を専攻しはじめる	このころから、アメリカにおける資本の独占化傾向がいちじるしくなる
八三	二三	**「唯物論の形而上学的仮定」**（「思弁哲学雑誌」）、**「スピノザの汎神論（はんしんろん）」**（同右） ジョンズ-ホプキンス大学特別研究生	マーク-トウェイン「王子と乞食」
八四	二四	同大学院修了、哲学博士となる 学位論文は**「カントの心理学」**	
八六	二六	ミシガン大学哲学専任講師 アリス-チップマンと結婚	
八七	二七	ミシガン大学助教授に昇任 長男フレデリック-アーチボルド生まれる**「心理学」**	
八八	二八	ミネソタ大学哲学教授となる **「民主主義の倫理」**	
八九	二九	ミシガン大学哲学主任教授となる	日本帝国憲法
九〇	三〇	長女エブリン生まれる	アメリカ社会の都市化すすむ ウィリアム-ジェームズ**「心理学原理」**二巻
九一	三一	**「批判的倫理学概要」**	

年	年齢	事項	社会の動き
一八九二年	三三歳		シカゴ大学創設
九三	三四	二男モリス生まれる	アメリカ経済不況にみまわれる
九四	三五	シカゴ大学哲学・心理学・教育学主任教授となる	日清戦争（～一八九五）
九五	三六	イタリア旅行の途中、モリスをジフテリアで失う	
九六	三七	シカゴ大学付属実験学校設置。その長となる 三男ゴルドン＝チップマン生まれる	ブライアン民主党をつくる
九八	三九		米西戦争、ハワイおよびフィリピン米領となる
九九	四〇	アメリカ心理学会の会長となる（翌年まで） **「学校と社会」**	
一九〇一	四二		金権政治の風潮つよまる セオドール＝ルーズベルト大統領に就任し、進歩的政策をとる
〇二	四三	シカゴ大学付属師範学校の主事となる	
〇三	四四	**「論理学理論研究」**（シカゴ大学十周年記念論文集）	
〇四	四五	シカゴ大学を辞任し、コロンビア大学の哲学教授となる シカゴ在任中に二女ルーシー＝アリス、三女ジェーン＝メアリ生まれる 夏休みのヨーロッパ旅行の途中にゴルドンがチフスで死ぬ	日露戦争（～一九〇五）

〇五	四五	イタリア少年サビノを養子にする アメリカ哲学会の会長（翌年まで）	アメリカに世界産業労働者組合（ＩＷＷ）ができる
〇六	四六	ジョンズ＝ホプキンス大学の哲学講師を兼任（翌年まで）	
〇七	四七		ウィリアム＝ジェームズ「**プラグマティズム**」
〇八	四八	「**倫理学**」（タフツと共著）	プラグマティズムにもとづく日本の自然主義文学運動おこる
一〇	五〇	国民科学アカデミーの会員となる	幸徳秋水事件。日韓併合
一一	五一	「**思考の方法**」	清朝滅び中華民国成立 セオドール＝ルーズベルト革新党をつくってたたかう
一四	五四		**第一次世界大戦**（〜一九一八）
一五	五五	アメリカ大学教授連合創設。その初代総裁となる 「**ドイツ哲学と政治**」「**明日の学校**」（長女エブリンと共著）	日本、対華二十一か条の要求をだす
一六	五六	「**民主主義と教育**」「**実験的論理学論集**」	
一七	五七		アメリカ、第一次世界大戦に参戦 ロシア革命

一九一八年	五八歳	日本訪問	日本シベリア出兵。米騒動
一九	五九	中国訪問（〜一九二一） 日本および中国に関する数編の論文をアメリカの雑誌にその後続けて発表	中国に**五・四運動**おこる 胡適「**中国哲学史大綱**」
二〇	六〇	「**哲学の改造**」	国際連盟発足 米婦人参政権
二二	六二	「**人間性と行為**」	イタリア、ムッソリーニ首相となる
二三	六三	フランス科学・道徳・政治アカデミーの哲学部門の通信会員となる 戦争法外追放運動に熱中しはじめる	
二四	六四	トルコの教育事情視察	ラフォレット進歩党を組織 国共合作、孫文の三民主義
二五	六五	「**経験と自然**」「**アメリカ=プラグマティズムの発展**」	
二六	六六	メキシコの教育事情視察	
二七	六七	夫人アリス=チップマン死ぬ（七月十四日） 「**公衆とその問題**」	トロツキー共産党中央委員会から除名される
二八	六八	ソビエトの教育事情視察	パリ不戦条約 ソ連邦第一次五か年計画

二九	六九	スコットランドのエジンバラ大学でギフォード講義 **「人物と事件」「確実性の探究」**	トロツキー国外に追放される **世界経済恐慌**はじまる
三〇	七〇	コロンビア大学退職、名誉教授となる ハーバード大学でウィリアム=ジェームズ基金講義 **「絶対主義から実験主義へ」**(論文)**「新旧の個人主義」「哲学と教育」**	アメリカに論理実証主義運動おこる
三一	七一	**「哲学と文明」**	満洲事変
三二	七二	**「倫理学」**改訂版	フランクリン=ルーズベルト大統領に当選
三三	七三		**ニューディール**政策はじまる ドイツ、ヒトラー内閣成立
三四	七四	**「経験としての芸術」「だれでもの信仰」**	
三五	七五	**「自由主義と社会的行為」**	
三六	七六	自由党結成、その名誉副総裁となる	
三七	七七	モスクワ裁判におけるトロツキー査問委員会の委員長となり、メキシコ亡命中のトロツキーを訪問 **「レオン=トロツキー事件」**	日華事変(〜一九四五)
三八	七八	**「論理学—探究の理論」「無罪」**	ミード**「行動の哲学」**
三九	七九	**「自由と文化」「評価の理論」**	**第二次世界大戦**(〜一九四五)

年	歳	事項	参考事項
一九四一年	八一歳	進歩主義教育連盟がアメリカ教育連盟と改称して再出発するにあたり、その名誉総裁となる	太平洋戦争（〜一九四五）
四五	八五		広島に原子爆弾投下。第二次世界大戦おわる
四六	八六	ロバータ=グラントと再婚 **「人間の諸問題」**	国際連合発足
四九	八九	**「知ることと知られるもの」**（アーサー=ベントリーと共著）	中華人民共和国成立
五二	九二	六月一日、ニューヨーク市にて死ぬ	

◎ **名誉称号**

法学博士 ウィスコンシン大学・バーモント大学・ミシガン大学・ジョンズ=ホプキンス大学・イリノイ大学・セントアンドリュウ大学・ハーバード大学
文学博士 コロンビア大学・エール大学
理学博士 ペンシルベニア大学
哲学博士 北京大学・オスロ大学
その他 パリ大学名誉博士

参考文献

デューイについても、また、プラグマティズムの全体についても、それを紹介したり批判したりした日本語の文献は、明治・大正・昭和の三代を通じてかぞえきれないほど多い。したがって、ここでは、とてもその全部をあげることはできないし、また、それは無意味でもあるので、書店で求めやすく、しかも、基礎的・一般的だと思われるものだけを示すことにした。たいせつなことは、デューイがかいた原書に直接体あたりでぶつかってみることである。原文でよむにこしたことはないが、日本語訳でまにあわせてもよまないよりははるかによい。そしてどんな幼稚なものでもよいから、自分自身の「デューイ観」をもつことである。そして、そのうえさらにくわしい文献表を知りたいと思う人は、次にかかげる書物のうちとくに五番めと六番めのものによってみていただきたい。

ジョン＝デューイ著作集　春秋社
（重要な著作はほとんど全部訳出されている）

新稿デューイ研究叢書（全十一巻）
永野芳夫　春秋社　昭30前後

デューイ研究
思想の科学研究会・鶴見和子編集　春秋社　昭27・5

デューイ研究　巡　政民　春秋社　昭31・5

デューイ教育理論の諸問題（日本デューイ学会編）
刀江書院　昭34・10

思想（プラグマティズム特集号）岩波書店　昭31・5

プラグマティズム（講座現代の哲学Ⅲ）
岩崎武雄編　有斐閣　昭33・4

プラグマティズム（河出文庫）
鶴見俊輔　河出書房　昭31・2

さくいん

〔デューイの著作〕

〔人　名〕

―完―

J．デューイ■人と思想23　　定価はカバーに表示

1966年10月25日　第1刷発行©
2016年2月25日　新装版第1刷発行©
2019年9月　新装版第2刷

・著　者 ……………………………… 山田（やまだ）　英世（ひでよ）
・発行者 ……………………………… 野村久一郎
・印刷所 ……………………………… 広研印刷株式会社
・発行所 ……………………………… 株式会社　清水書院

〒102-0072　東京都千代田区飯田橋3-11-6
Tel・03(5213)7151～7
振替口座・00130-3-5283
http://www.shimizushoin.co.jp

検印省略
落丁本・乱丁本はおとりかえします。

CenturyBooks

Printed in Japan
ISBN978-4-389-42023-9

Century Books

清水書院の〝センチュリーブックス〟発刊のことば

近年の科学技術の発達は、まことに目覚ましいものがあります。月世界への旅行も、近い将来のこととして、夢ではなくなりました。しかし、一方、人間性は疎外され、文化も、商品化されようとしていることも、否定できません。

いま、人間性の回復をはかり、先人の遺した偉大な文化を継承して、高貴な精神の城を守り、明日への創造に資することは、今世紀に生きる私たちの、重大な責務であると信じます。

私たちがここに、「センチュリーブックス」を刊行いたしますのは、人間形成期にある学生・生徒の諸君、職場にある若い世代に精神の糧を提供し、この責任の一端を果たしたいためであります。

ここに読者諸氏の豊かな人間性を讃えつつご愛読を願います。

一九六七年

清水幸雄

SHIMIZU SHOIN